Nichts geht mehr! Die eben noch so vielfältige Geräuschkulisse rund um den Spieltisch ist erstorben. Zehn, zwölf oder mehr Augenpaare starren jetzt wie gebannt auf die kleine weiße Kugel, die mit feinem, sirrendem Geräusch Runde für Runde ihren Weg durch den sich drehenden Zahlenkessel findet und schließlich in enger werdender Bahn ein paar rhombenförmige Metallhindernisse überspringend, in eins der siebenunddreißig Nummernfächer fällt. Die Anspannung der Beobachter löst sich, das Stimmengewirr brandet wieder auf. Enttäuschung und unterdrückte Freudenschreie vermischen sich mit der Ansage des Croupiers, der jetzt die verloren gegangenen Jetons zusammenharkt, die Gewinne auszahlt und den Coup dann mit einem „Alles bezahlt" beendet.

Sollten Sie bisher nur selten zu denjenigen gehört, die den Roulettetisch mit einem Gewinn verlassen haben, könnte sich das nach Studium des vorliegenden Büchleins, vor allem aber durch Beachtung der hier abgegebenen Empfehlungen, bald ändern.

Also…machen Sie Ihr Spiel!

HANS-WILHELM ERMEN

Alles bezahlt!

Gedanken zum professionellen Roulettespiel

Hans-Wilhelm Ermen lebt auf einem ländlichen Anwesen in der Eifel und ist ursprünglich gelernter Diplom Sportlehrer. Er war 25 Jahre als Journalist tätig und realisierte in dieser Zeit fast 1000 Fernsehbeiträge als Autor und Regisseur, u.a. über zehn Jahre lang die erfolgreichste Fußballsendung der Welt. In den 1980er Jahren entdeckte er das Roulette für sich und erkannte nach intensiver Beschäftigung mit der Materie, wie man an dieses Spiel herangehen muss, um dauerhaft auf der Gewinnerseite zu stehen. Seine Erfahrungen von über dreißig Jahren am Spieltisch ließ er jetzt in dieses Buch einfließen.

© 2020 Hans-Wilhelm Ermen
1. Auflage
Umschlaggestaltung, Illustration: Robin Ermen
Umschlagfoto: Marion Koell
Lektorat, Korrektorat: Hans-Wilhelm Ermen

Verlag und Druck: tredition GmbH, Halenreie 40-44, 22359 Hamburg

ISBN Taschenbuch: 978-3-7497-9375-4
ISBN e-Book: 978-3-7497-9377-8
Das Werk, einschließlich seiner Teile, ist urheberrechtlich geschützt. Jede Verwertung ist ohne Zustimmung des Verlages und des Autors unzulässig. Dies gilt insbesondere für die elektronische oder sonstige Vervielfältigung, Übersetzung, Verbreitung und öffentliche Zugänglichmachung.
Bibliografische Information der Deutschen Nationalbibliothek:
Die Deutsche Nationalbibliothek verzeichnet diese Publikation in der Deutschen Nationalbibliografie; detaillierte bibliografische Daten sind im Internet über http://dnb.d-nb.de abrufbar.

Ich kann mir gar keinen ehrlicheren Beruf vorstellen, bei dem die Arbeit und die Ziele so einfach und so vorhersehbar sind.

A.Frank Glahn

VORWORT

Um von Anfang an alle Irrtümer auszuräumen...dies ist kein Systembuch. Ich werde Ihnen auf den folgenden Seiten nicht erklären, warum d'Alembert oder Martingale nicht funktionieren, wie chancenreich die Amerikanische Abstreichprogression ist oder ob man besser mit der oder gegen die Bank spielt. Auch möchte ich Sie nicht mit Zahlen, Statistiken und Wahrscheinlichkeitsrechnungen langweilen. Es ist nicht von Nachteil, wenn Sie darüber etwas gelesen, das eine oder andere System bereits erprobt haben, für den Erfolg am Roulettetisch ist all dies Wissen aber nur zweitrangig. Und sollte Sie die Geschichte des Spieles interessieren, ob die Ursprünge nun in Frankreich oder Italien liegen, oder ob die Chinesen wieder einmal die ersten waren, so finden Sie auch dazu einschlägige Literatur.

Dieses Buch möchte Ihnen die wichtigsten Grundvoraussetzungen für ein erfolgreiches Spiel an die Hand geben, die Rahmenbedingungen erläutern, ohne deren Beachtung auch das beste System nicht funktioniert. Es möchte Gesetzmäßigkeiten und Verhaltensregeln aufzeigen, die unbedingt beachtet werden müssen, um am Spieltisch dauerhaft erfolgreich zu sein. Dabei handelt es sich um ganz einfache Richtlinien, die teilweise schon jahrhundertelang bekannt sind, vielleicht nie zuvor in so komprimierter Form zusammengestellt und veröffentlicht wurden, die aber nur von einem verschwindend geringen Prozentsatz von Spielern und Spielerinnen beachtet werden.

Apropos Spielerinnen....es ist mir leider nicht gelungen irgendwo verlässliche statistische Angaben über den Anteil von Frauen beim klassischen Roulette zu finden. Intuitiv, von meinen Beobachtungen ausgehend und aus Gesprächen mit Kennern der Szene, schätze ich ihn auf knapp 30 %. Interessant ist in diesem Zusammenhang die Tatsache, dass in vielen deutschen Casinos, und das sind natürlich konkrete Zahlen, bereits ein Drittel der Tische mit weiblichen Croupiers besetzt sind. Übrigens heißen sie eigentlich Croupière, aber das Wort konnte sich bei uns bisher nicht durchsetzen.

Mein Buch richtet sich nicht an Menschen, die ab und zu mal ein paar unterhaltsame Stunden Casinoflair genießen wollen, um dort zu sehen und gesehen zu werden; Menschen, die im Casino gesellschaftliche Zerstreuung, nicht alltägliche Anregung und Abwechslung oder auch beim Internetspiel etwas Nervenkitzel suchen. Es ist auch nichts für diejenigen, die der Meinung sind, dass beim Roulette ausschließlich verloren wird, dass die Bank sowieso am längeren Hebel sitzt und der normale Spieler von Anfang an chancenlos ist. Diese Klientel wird auch weiterhin ihr Geld - sei es nun im Casino oder beim Onlinespiel - brav verlieren, sogar Spaß dabei haben und dafür sorgen, dass der versierte Profi, der Sie ja gerne werden möchten, stets aus dem Vollen schöpfen kann.

Dieses Buch soll in erster Linie den Systemspieler mit einiger Erfahrung, den ernsthaften Branchenkenner ansprechen; Menschen, für die das Spiel nur Mittel zum Zweck ist und das sind übrigens weniger als ein Prozent aller Spielerinnen und Spieler. Ich möchte denjenigen Mut machen, denen bisher noch der letzte Schritt zum dauerhaften Erfolg gefehlt hat, auch denen die vielleicht schon resigniert aufgegeben haben und ihnen zeigen, dass es im Endeffekt doch funktionieren kann.

Das heißt aber nicht, dass auch der Anfänger, selbst derjenige, der noch nie eine Spielbank betreten oder ins Internetspiel hineingeschnuppert hat, aus meinem Buch kein Kapital schlagen könnte, denn so weiß er bereits vor seinem ersten Einsatz, was er besser nicht tun sollte. Es gibt ihm eine gewisse Sicherheit, die ihn davon abhält unnötig Geld im Casino zu lassen oder gar in sein finanzielles Verderben zu rennen.

Der erfahrene Roulettekenner mag es mir nachsehen, wenn ich hier und da auch auf einige grundlegende Dinge eingehe, die für ihn lange selbstverständlich, für den Amateur und Gelegenheitsspieler aber äußerst hilfreich sind.

Am Ende dieses Vorwortes möchte ich noch folgende kühne Behauptung aufstellen: Wenn jeder Mensch sein Spiel streng nach den hier aufgezeigten Grundsätzen und Empfehlungen durchziehen würde, müsste innerhalb weniger Monate auch das letzte Casino schließen und der letzte Internetanbieter resigniert aufgeben.

1 Eine kurze Einführung oder auch ein kleiner Ausflug in die Vergangenheit

Als ich an einem Abend im Februar 1984 zum ersten Mal ein Spielcasino betreten habe, empfand ich dies wie einen Schritt in eine andere, mir bisher nicht bekannte Welt. Als Neuling ist es ausgesprochen schwer, sich dem Zauber und Flair der Spielsäle zu entziehen.

Die luxuriöse Ausstattung, sprich goldgesäumte Brokatvorhänge, gediegenes Mobiliar, prunkvolle Kristallkronleuchter und mittendrin, die damals noch in einheitlichem Grün gehaltenen, schweren Spieltische, waren recht beeindruckend. Das alles untergebracht in einem stattlichen, unter Denkmalschutz stehenden Gebäude. Es war übrigens die Spielbank von Bad Neuenahr-Ahrweiler, die auch heute noch als eine der schönsten Spielbanken Deutschlands gilt. Während in der kleinen Kur- und Kreisstadt um diese Uhrzeit das Leben und die Betriebsamkeit auf den Straßen schon lange erstorben, die Bürgersteige sozusagen bereits hochgeklappt waren, pulsierte im Casino das Leben. Ich möchte sagen, hier herrschte ein wenig Weltstadtflair, jedenfalls das, was ich mir damals darunter vorgestellt habe und kein Mensch hätte zu jener Zeit für möglich gehalten, dass nur etwa fünfzehn bis zwanzig Jahre später der weitaus größte Teil des Roulettespiels am heimischen Computer stattfinden würde.

Gespielt wurde - für heutige Verhältnisse unvorstellbar - an sage und schreibe bis zu zweiundzwanzig Tischen. Eine Atmosphäre, die mich als Neuling sofort in ihren Bann gezogen hat. Das Casino war vor allem an Wochenenden gut besucht, da in der Region konkurrenzlos. Der Einzugsbereich ging über Bonn und Köln bis ins Ruhrgebiet, im Norden bis zum Dreiländereck an die holländisch-belgische Grenze, denn die Spielbanken in Aachen, Dortmund oder Duisburg gab es noch nicht. Von Köln aus fuhr sogar täglich ein kostenloser Casinobus nach Bad Neuenahr und zurück. Man legte Wert auf eine gepflegte Garderobe, das heißt, es gab eine offizielle Kleiderordnung. Für die Herren waren Jackett und Krawatte obligatorisch, von den Damen erwartete man einen entsprechend gehobenen Dresscode.

Der Zwang zur äußeren Etikette hat sich in den meisten Casinos inzwischen allerdings gelockert und ist gepflegter Freizeitkleidung gewichen. Eine Maßnahme, die den Besucherrückgang aber auch nicht stoppen konnte, denn die Goldgräberzeiten sind für die Spielbanken lange vorbei. Zum einen durch die Eröffnung immer neuer Casinos zum anderen aber und vor allem unter dem immens wachsenden Druck der Internetspielmöglichkeiten.

Die Zahl der Spielbanken hat sich zwar vermehrt, die Anzahl der Spieltische ist aber deutlich zurückgegangen. Derzeit (2020) gibt es in Deutschland zwischen Kiel und Lindau über sechzig staatlich lizensierte Spielbanken. Die bieten Roulette in ganz unterschiedlichem Rahmen an.

Da gibt es einerseits die traditionsreichen Häuser, wie die Spielbank Wiesbaden, das Casino Baden-Baden oder die Spielbank Bad Neuenahr, die weiterhin auf luxuriöses Ambiente, aus vergangenen Tagen setzen, andererseits diejenigen, wie die sich über fünf Etagen erstreckende Spielbank Berlin oder die beiden größten und modernsten Spielbanken Deutschlands, das Casino Hohensyburg in Dortmund und die Spielbank Duisburg, die den Besucher durch moderne Inneneinrichtung und Hightech zu begeistern versuchen, um hier nur einige, wenige Beispiele zu nennen.

Aber für den erfolgreichen Profi ist der äußere Schein völlig unerheblich. Er sieht die Sache recht pragmatisch. Sie sind schließlich nicht auf der Suche nach Abwechslung, Unterhaltung oder Abenteuer und lassen sich durch Äußerlichkeiten nicht blenden. Es kann Ihnen egal sein, ob die Spieltische mit grünem, blauem oder rotem Filz bezogen sind, welche Uniformen die Kellner tragen, ob Kristalllüster an der Decke hängen oder die Beleuchtung aus raffiniert positionierten LEDs stammt. Ihr Ziel besteht darin, das Casino beziehungsweise den Tisch möglichst schnell wieder mit einem adäquaten Gewinn zu verlassen. Der Rest interessiert Sie nicht, denn die Spielregeln sind überall gleich. Der klassische, französische Roulettekessel hat stets 37 Fächer, und wenn Sie auf Rot gesetzt haben und es kommt Schwarz … dann haben Sie verloren. Und am Ende eines jeden Coups heißt es immer „Alles bezahlt" ganz egal, ob das Casino modern oder traditionell eingerichtet ist.

Doch zurück zu meinem ersten Casinobesuch. Ich hatte mir zuvor für ganze sechs DM ein kleines Taschenbüchlein gekauft, in dem die Spielregeln erläutert, einige Systeme erklärt werden und auf wichtige Verhaltensregeln während des Spiels hingewiesen wird. Eine Investition die sich gelohnt hat, jedenfalls viel lohnender war, als einige Tausend DM, die ich später in mehr oder weniger teure Systeme investiert habe. So habe ich an diesem ersten Abend das ganze Geschehen rund um den Spieltisch bereits mit einer gewissen abgeklärten Distanz betrachtet; fühlte mich gar wie ein Profi. Der Mindesteinsatz betrug damals fünf DM, das zwei DM Spiel hatte man kurz vorher eingestellt. Von den tausend DM, die ich in der Tasche hatte, habe ich dreihundert in Jetons umgetauscht und dann eine kleine Progression (5/10/20) auf eine dreimal nicht gekommene einfache Chance gespielt. Natürlich hatte ich ein Notizbuch dabei und habe folglich auch jeden Einsatz genau notiert. Nach etwa anderthalb Stunden und 65 Coups habe ich die Spielbank mit einem Gewinn von 55 DM verlassen und bin recht zuversichtlich, ich möchte fast sagen stolz heimgefahren, beseelt von dem Gedanken, meinen Lebensunterhalt schon bald aus Gewinnen am Roulettetisch zu bestreiten. Ich ahnte nicht, dass ich von diesem Ziel noch einige Jahre entfernt war, in denen ich immer wieder Lehrgeld zahlen und manche verzweifelte Situation überstehen musste.

2 Traditionelles Casino oder Internet

In einem Präsenzcasino erleben Sie Roulette natürlich in seiner ursprünglichsten Form, sozusagen aus erster Hand, pur und ungefiltert. Sie haben Ihr Spielkapital in Form von Jetons, also praktisch in bar, in der Hand und jeder Gewinn wird Ihnen auch sofort in bar ausgezahlt. Alle deutschen Casinos sind staatlich lizenziert und Unregelmäßigkeiten zwischen Betreiber und Nutzer sind nahezu ausgeschlossen. Ihnen gegenüber sitzt als Croupier ein Mensch aus Fleisch und Blut und kein, was weiß ich wie, programmierter Zufallsgenerator.

Der zeitliche Aufwand eines Casinobesuches ist im Vergleich zum Internetspiel natürlich immens, denn ich gehe mal davon aus, dass die meisten von Ihnen die nächste Spielbank weder fußläufig, noch mit der Straßenbahn erreichen können. Im schlimmsten Fall müssen Sie eine mehrstündige Anreise mit Auto oder Bahn in Kauf nehmen und wenn Sie dann täglich oder auch nur mehrmals wöchentlich spielen wollen, was, um in dem Job dauerhaft Fuß zu fassen dringend nötig ist, eine Unmöglichkeit darstellt. Zwar habe ich vor längerer Zeit schon mal von Menschen gehört, die sogar in die Nähe eines Casinos gezogen sind... aber das ist für den Profi im Internetzeitalter Schnee von vorgestern.

Vielleicht kommen Sie ja eines Tages, wenn Ihre Lern- und Lehrzeit, auf die ich später noch zu sprechen komme, abgeschlossen ist, Ihr Spiel richtig läuft, in die glückliche Lage, quer durch Deutschland, Europa und die Welt zu reisen und die Kosten mit Spielgewinnen abdecken zu können.

Das Spiel im Präsenzcasino kann – je nachdem wie stark der Tisch frequentiert ist- recht schleppend sein. Die Coupfolge beträgt manchmal mehrere Minuten und die Ablenkung durch äußere Einflüsse ist relativ groß. Sie wollen schließlich Ihr Spiel konzentriert durchziehen und wenn dann Ihr Tischnachbar mit Ihnen übers Wetter reden will oder Ihnen erzählt, wie viel er gestern gewonnen hat, wie oft vorgestern die Zero gekommen ist, welches System besonders empfehlenswert ist und in welchen anderen Casinos wahnsinnig gewonnen wird, dann ist es um die nötige Konzentration schlecht bestellt. Unterhalten können Sie sich immer noch, auch stundenlang, wenn Ihr Spiel beendet ist. Die meisten Spielbanken in Deutschland öffnen bereits um vierzehn oder fünfzehn Uhr. Das ist die beste Zeit um ein kurzes, konzentriertes und erfolgreiches Spiel zu machen. Um diese Zeit ist die Situation gut überschaubar. Da gibt's noch kein Gedränge, es sind Sitzplätze an den Tischen vorhanden, die Abfolge der Coups verläuft relativ zügig, es gibt kaum Streitsätze und die Kaffee- und Kuchengäste, die vor allem in den Kurorten ab sechzehn Uhr die Spieltische bevölkern, sind noch nicht da. Ganz schlimm wird es nach zwanzig Uhr bis in die Nacht, vor allem auch an Wochenenden. Dann tummeln sich dort nur noch Vergnügungsspieler die hier, koste es was es wolle, einen abwechslungsreichen Abend verbringen möchten. Um die Zeit haben Sie, als ernsthafter Profi, lange Ihren Tagesgewinn in der Tasche, sind bereits daheim oder auf dem Wege dorthin. Vielleicht bummeln Sie noch etwas durch die Stadt, oder sitzen in einem netten, gemütlichen Café, freuen sich über den gelungenen Tag, an dem Sie mal wieder alles richtig gemacht haben, verschwenden möglichst keinen Gedanken mehr ans Roulette und lassen den lieben Gott einen guten Mann sein. Sie leben nicht um zu spielen, sondern Sie spielen, um zu leben.

Also, um ein kurzes Resümee zu ziehen, der Besuch einer Spielbank ist mit großem Aufwand an Zeit und Logistik verbunden, der sich natürlich auch irgendwo lohnen muss. Ein Tagesgewinn von hundert Euro ist da schon die untere Grenze.

Wie leicht fällt da der Besuch eines Internetcasinos. Innerhalb weniger Minuten haben Sie sich registriert, ein Konto eingerichtet und können dann zu jeder Tages- und Nachtzeit, praktisch rund um die Uhr, ein wahnsinniges Spielangebot in Anspruch nehmen. Sie brauchen nicht anzureisen, sind nicht an Öffnungszeiten gebunden, es gibt kein Trinkgeld für den Croupier, keine Ablenkung von außen, keine Streitsätze, keine Kleiderordnung ... usw.

Mit einem Klick können Sie von einem Tisch zum anderen springen, in der Gruppe oder allein spielen, die Geschwindigkeit der Coupfolge selbst steuern oder einfach nur anderen beim Spiel zusehen.

Der absolut größte Teil aller Menschen, die heute Roulette spielen, tut dies im Internet. Die meisten Spielerinnen und Spieler haben noch nie eine Spielbank von innen gesehen. Es ist in der Tat auch nicht mehr nötig.

ABER Sie bekommen auch hier nichts geschenkt. Internetcasinos sind im Laufe der letzten Jahre wie Pilze aus dem Boden geschossen und es kommen ständig neue hinzu. Die Spieleanbieter sind eiskalt rechnende Unternehmer, die sich auf einem stetig wachsenden Markt behaupten müssen. Nicht umsonst spricht man vom Haifischbecken Internet. In dieser Branche trifft es den Nagel auf den Kopf.

Da ist bei der Auswahl der richtigen Adresse äußerste Vorsicht geboten. Wer heute im Internet ein Produkt erfolgreich verkaufen will, richtet zunächst mal eine „Testplattform" ein. Dort lässt er von sogenannten „unabhängigen Prüfern" auf wenig durchschaubare und kaum nachvollziehbare Weise, zehn zwanzig oder noch mehr Produkte, in diesem Falle Internetcasinos, „testen", um letztendlich das eigene Erzeugnis an der Spitze der Liste zu platzieren. Ich habe unzählige Testeinrichtungen kennengelernt, und lerne sie immer noch kennen, die die Vor- und Nachteile unzähliger Anbieter gegeneinander abwägen und zu verdammt unterschiedlichen Ergebnissen kommen. Darüber hinaus gibt es im Netz natürlich auch gesteuerte Kampagnen mit massenhaft erfundenen Bewertungen, Aktionen, die bekanntlich sogar Wahlen entscheiden können und in diesem speziellen Fall das eigene Produkt hochjubeln, aber Mitbewerber oder Konkurrenten durch Falschmeldungen und gezielte Desinformation schlecht machen; und nicht zuletzt die vielen verdeckten Werbeaktionen in den Foren.

An dieser Stelle sollte auch nicht unerwähnt bleiben, dass sich das Internetspiel in Deutschland immer noch in einer rechtlichen Grauzone befindet. Eigentlich wird es derzeit (2020) in Deutschland, in Ermangelung wirksamer Kontrollmethoden der Aufsichtsbehörden, nur stillschweigend geduldet. Was dringend fehlt, ist ein neuer Glücksspielstaatsvertrag.

Also Augen auf bei der Wahl des Casinoanbieters! Aber was kann ich tun, um hier nicht Schiffbruch zu erleiden? Lesen Sie das KLEINGEDRUCKTE, spielen Sie zunächst nur mit kleinen Einsätzen, testen Sie, ob das Auszahlungssystem funktioniert, testen Sie den Mail- und ganz wichtig-Telefonservice des jeweiligen Anbieters. Ist dieser Service deutschsprachig? Gibt es kostenlose Übungsspiele und wenn ja, nehmen Sie dieses Angebot wahr.

Die Internetcasinos haben vor einigen Jahren einen ganz schlauen Spielzug entdeckt, nämlich das Spiel mit Kleinstbeträgen ab 10 Cent. Eine Maßnahme, die sich natürlich kein Präsenzcasino leisten kann, die nur dank einer ausgeklügelten Software funktioniert, aber Spielerinnen und Spieler in großen

Scharen anzieht, weil die Hemmschwelle niedriger ist, weil sie glauben, auf dieser Basis nicht so schnell und vor allem nicht viel verlieren zu können, was am Ende aber Illusion ist.

Sie, als angehender Profi, sollten sich dieses Spiel mit Minimalbeträgen zunutze machen, denn hier können Sie neben der Möglichkeit des kostenlosen Probespieles, praktisch als nächsten Schritt, Ihr Spielsystem mit kleinen Einsätzen in aller Ruhe testen, ohne gleich ein großes Risiko einzugehen ... wohlgemerkt in Ruhe.

Vergleichen Sie aber auch die Qualität der Animation, denn da gibt es zwischen den verschiedenen Anbietern große Unterschiede. Die Darstellung von Tableau und Kessel auf ihrem Monitor sollte einem echten Spieltisch sehr nahekommen. Gar nichts halte ich vom sogenannten „Live Spiel" im Internet, das inzwischen allerorten angeboten wird und bei dem Sie einem echten Croupier per Bildschirm gegenübersitzen. Wenn ich ein Fußballspiel „Live" erleben möchte, muss ich ins Stadion gehen, wenn ich Roulette „Live" spielen will in die Spielbank. Alles andere ist Augenwischerei, Larifari...so tun als ob. Ganz wichtig ist, ob es eine Software gibt, die sich auf Ihrem Rechner speichern lässt. Ich persönlich ziehe das Spiel in einer auf dem Rechner gespeicherten Software dem Online-Spiel vor. Gerade in Gegenden mit langsamerem Internet läuft das Onlinespiel häufig nur sehr schleppend und manchmal gar nicht. Spielen Sie nicht auf dem Tablet oder gar Handy. Das mag für einfache Baller- oder Automatenspiele reichen, nicht aber für erfolgreiches

Roulettespiel. Dazu sind ein Minitastensystem und ein in Bildschirm in Zigarettenschachtelgröße ungeeignet.

Trotz all dieser Unsicherheitsfaktoren überwiegen die Vorteile des Internetcasinos. Sie werden irgendwann einen seriösen Anbieter finden, bei dem alle Kriterien passen und Sie sich demnach gut aufgehoben fühlen.

Dennoch empfehle ich jedem ernsthaften Profi in unregelmäßigen Abständen immer mal wieder ein Casino aufzusuchen, um das Spiel in seiner ursprünglichen, sozusagen unverfälschten Form zu erfahren und sich dieser, im Vergleich zum Internetspiel komplexen Herausforderung zu stellen. Der hautnahe Umgang mit dem Phänomen Roulette ist eine Erfahrung die Ihren Horizont erweitern, Ihr Selbstvertrauen, Ihre Professionalität und Souveränität stärken wird und außerdem noch der Seele gut tut. Das Online-Spiel macht Spaß, aber die gepflegte und stilvolle Atmosphäre und Faszination einer echten Spielbank kann das Internet nicht ersetzen.

 **3 Der Erfolg beim Roulette hat wenig mit Glück zu tun und hängt einzig und allein von der psychischen Verfassung des Spielers ab.**

Das ist für mich der wichtigste Merksatz, den Sie sich immer wieder vergegenwärtigen sollten. Wenn Sie am Spieltisch erfolgreich sein wollen müssen Sie dafür sorgen, dass Sie sich in einem gewissen inneren, sprich seelischen und äußeren, sprich wirtschaftlichen Gleichgewicht befinden. Dazu gehört zunächst einmal ein sicherer Arbeitsplatz mit einem regelmäßigen Einkommen, denn irgendwo muss Ihr Spielkapital, gerade in der Anfangsphase, die mitunter sehr lange dauern kann, ja herkommen. Wenn Sie am 15. eines Monates noch nicht wissen wovon Sie die nächste Miete bezahlen sollen und Ihr Konto ständig restlos überzogen ist, sind das schlechte Voraussetzungen und Sie sollten zunächst versuchen, diesen Zustand abzustellen; mit Gewinnen vom Roulettetisch wird Ihnen das nicht gelingen.

Aber auch wenn Sie mit „zwischenmenschlichen Problemen" zu kämpfen haben, wenn Ihre Freundin, Ihr Freund Sie gerade verlassen hat, Sie sich mit Ihrem Partner, Ihrer Partnerin ständig streiten, Ihre Ehe eher eine Konfliktbeziehung ist, sind das schlechte Vorrausetzungen, dann läuft auch Ihr Spiel nicht. Das geflügelte Wort „Pech in der Liebe, Glück im Spiel" sollten Sie ganz schnell vergessen, denn es trifft keinesfalls zu. Das Gegenteil ist der Fall. Das gleiche gilt natürlich auch für das Verhältnis zu Ihrem Arbeitgeber, Ihrem Chef, Ihrem Arbeitsplatz. Es gibt Leute, die setzen sich nach einem unbefriedigenden Arbeitstag, an dem Sie sich über alles Mögliche geärgert haben, gestresst ins Auto oder gar aufs Motorrad um Frust abzubauen, „den Kopf mal wieder freizubekommen". Das kann mit schweren Verletzungen, im schlimmsten Falle sogar tödlich enden. Aber setzen Sie sich bitte auch nicht an den Spieltisch, um Stress oder Frust abzubauen. Hier können Sie sich zwar nicht verletzen, dafür aber einen Haufen Geld verlieren. Spielen Sie nur, wenn Sie entspannt sind und sich wohlfühlen. Wenn Sie „schlecht drauf sind" werden Sie erfolglos bleiben, werden verlieren. Nicht weil an so einem Tag die Kugel verkehrt läuft, sondern weil Sie an solchen Tagen, genervt von Ärger, Stress, Frust, Enttäuschung etc., in kritischen Situationen nicht adäquat reagieren, vor allem im Verlustfalle nicht aufhören können. Dafür sind dann weder die Kugel noch der Croupier oder der Zufallsgenerator verantwortlich. Die Schuld liegt ganz allein bei Ihnen. Sie haben den Misserfolg selbst herausgefordert.

Ganz wichtig ist es, den täglichen Zeitpunkt für Ihr Spiel mehr oder weniger genau festzulegen. Richten Sie sich einen festen Zeitraum ein. Stellen Sie alle möglichen Störungsquellen, vor allem durchs Telefon oder eventuelle Besucher ab. Nehmen Sie sich eine Tasse Kaffee dazu oder ein Erfrischungsgetränk, je nach Lust und Laune, möglichst keinen Alkohol und konzentrieren Sie sich dann nur noch auf Ihr Spiel.

Ich nutze zum Spielen den frühen Vormittag. Irgendwann zwischen 7 Uhr 30 und 9 Uhr 30 setze ich mich für dreißig Minuten an den Rechner und lasse nach einer kurzen Akklimatisierungsphase in der ich schaue, was an welchem Tisch läuft, die Kugel rollen. Ja, Sie haben richtig gelesen, ich spiele täglich höchstens dreißig Minuten. Meist sind es sogar nur zwanzig und wenn ich am Anfang einen guten Lauf habe, höre ich sogar noch eher wieder auf. In dieser Zeit leiste ich harte, konzentrierte und vor allem disziplinierte Arbeit, auf die ich mich jahrelang vorbereitet habe und versuche dabei fünf bis zehn Stücke zu gewinnen. Wenn das nicht klappt, gebe ich mich auch mit einem Stück zufrieden. Damit ist mein „Arbeitstag" dann aber auch verrichtet und die nächsten mehr als dreiundzwanzig Stunden stehen mir zur freien Verfügung, denn nichts ist in diesem Leben so wertvoll wie freie Zeit. Die lässt sich durch kein Geld der Welt bezahlen.

Sie können im Laufe einer halben Stunde, bei der schnellen Coupfolge die beim Internet-Spiel möglich ist, einen soliden Tagesgewinn einfahren, aber sich innerhalb von Stunden um Kopf und Kragen spielen. Mir kann niemand erzählen, dass er nach zwei, drei oder noch mehr Stunden am Spieltisch und mehreren Hundert Coups, egal ob im Casino oder auf dem heimischen

Rechner, noch auf der Gewinnerseite ist. Ein langes Spiel birgt immer ein großes Risiko und führt nicht selten zum Totalverlust. Wenn Sie als Profi erfolgreich sein wollen, müssen Sie umdenken. Ich kann es nicht oft genug erwähnen: Machen Sie das Spiel auf keinen Fall zu Ihrem Lebensmittelpunkt. Sie leben nicht, um zu spielen, sondern Sie spielen, um zu leben. Lieber regelmäßig und sicher kleinere Gewinne einstreichen, als auf die Verliererstraße geraten.

Also fangen Sie, wenn Sie Ihr Tagesziel erreicht haben nicht nur kein neues Spiel mehr an, sondern vergessen Sie das Roulette bis zum nächsten Tag. Dazu gehört natürlich, vor allem wenn Sie hinter Ihren Erwartungen zurückgeblieben oder gar im Minus sind, eine unglaubliche Disziplin an der Sie möglicherweise sehr, sehr lange immer wieder werden arbeiten müssen. Ihr Erfolg beruht auf systematischem Vorgehen, Geduld, Emotionslosigkeit und ich kann es nicht oft genug wiederholen: Disziplin.

Beobachten Sie mal einen Croupier bei der Arbeit, wie entspannt, ja distanziert und mit welcher Selbstverständlichkeit der nach jeder Partie in Sekundenschnelle die verlorenen Stücke vom Tisch harkt; Tausende von Euro für die die beteiligten Spielerinnen und Spieler möglicherweise Stunden, Tage, Wochen oder gar Monate gearbeitet haben. Es ist sein Job. Und genau so pragmatisch und entspannt müssen auch Sie an das Spiel herangehen, wenn es Ihr „Beruf" werden soll. Selbstbeherrschung ist das A und O des Ihres Erfolges und ich werde in den nächsten Kapiteln immer wieder darauf zurückkommen.

Die Tatsache, dass Sie beim Online Roulette zu jeder Tages- und Nachtzeit praktisch 24 Stunden spielen können, ist nicht unbedingt ein Vorteil, sondern birgt auch eine große Gefahr. Ich rate dringend davon ab, wenn man zwischendurch mal gerade eine halbe Stunde Zeit, vielleicht Langeweile hat oder etwas Ablenkung sucht, den Computer einzuschalten, um sozusagen „en passant" ein paar Stücke zu gewinnen. Der Schuss geht oft nach hinten los. Sie gefährden, verspielen möglicherweise den Stunden zuvor erzielten Tagesgewinn, werden ungeduldig, geraten unter Zeitdruck, werfen Ihre vorher festgelegten Limits über den Haufen, versuchen Verluste mit Gewalt zurückzuholen; keine Spur mehr von Disziplin und schon ist der Tag für Sie gelaufen.

*Es gibt Regeln für das Glück,
denn für den Klugen ist nicht alles Zufall.
Die Bemühung kann dem Glücke nachhelfen.*

                                        Baltasar Gracian

4 Spielen Sie so lange wie Sie gewinnen, hören Sie auf, wenn Sie verlieren!

Das mag sich im ersten Moment wie eine Binsenweisheit anhören und wird daher von den meisten Menschen mit einem Lächeln abgetan, trifft aber wie keine zweite Regel, den Kern der Sache. Doch wie finde ich den Zeitpunkt, an dem mein Spiel von der Plus- in die Minusphase gerät? Diese Tatsache ist unmittelbar mit dem Begriff der persönlichen Permanenz verbunden. Jeder Spieler, jede Spielerin kennt den Begriff Permanenz, wörtlich übersetzt Dauerhaftigkeit. Beim Roulette ist dies eine zufällige und endlose Folge von Zahlen zwischen null und sechsunddreißig, entweder an einem beliebigen Tisch von einem Croupier geworfen oder von einem Zufallsgenerator erzeugt, schriftlich oder elektronisch festgehalten; ein Zahlenstrahl, der aus der Unendlichkeit kommt und wieder in der Unendlichkeit verschwindet.

Von dieser Reihenfolge der gefallenen Zahlen glauben viele Spieler, dass sie sich in irgendeiner Weise für ihre Spielstrategie, ihr System verwenden lässt. Ich verspreche mir davon nichts. Natürlich zeigt jede Permanenz interessante, aufschlussreiche Aspekte und natürlich eignen sich diese Zahlenfolgen, um

Spielkonzepte und Systeme durchzutesten und natürlich lassen sie auch, je umfangreicher sie sind, eine Regelmäßigkeit des Spielverlaufs und irgendwann einen Ausgleich erkennen. Aber dass der Spielverlauf mit zunehmender Länge eine immer regelmäßigere Chancenverteilung zeigt und es irgendwann zum Ausgleich kommt ist schon seit Jahrhunderten jedem ernsthaften Spieler bekannt. Dazu bedarf es keines Permanenzstudiums mehr. Es sind und bleiben eben nur Zahlen, die in der Vergangenheit gefallen sind; gestern, vorgestern, vor einer Woche, vor einem Jahr, vor hundert Jahren, und sie geben keinerlei Hinweis darauf, wie der nächste Coup endet.

Viel wichtiger ist da die sogenannte persönliche Permanenz, die Schlüssel zum Erfolg werden kann. Darunter versteht man den Verlauf Ihrer eigenen Spielergebnisse, mancher spricht auch von persönlicher Glücks- und Unglückskurve, wobei ich den Begriff „Unglück" tunlichst vermeide, denn es ist kein Unglück beim Roulette in eine Negativphase zu geraten; im Gegenteil es ist ganz normal. Entscheidend ist, wie ich damit umgehe. Es ist eine Kurve, die den Verlauf Ihres Spieles widerspiegelt und der Begriff Kurve lässt darauf schließen, dass der Verlauf wellenförmig, einer Sinuskurve ähnlich ist. Dabei spielt es keine Rolle ob Sie zwischen den Einsätzen eine kleine oder größere Pause machen oder an verschiedenen Tischen spielen. Jeder Coup, an dem Sie beteiligt sind, mit Einsatz oder fiktiv, ist Teil Ihrer persönlichen Permanenz. Für mich gehört entgegen der Meinung der meisten Roulettetheoretiker und -praktiker auch ein fiktiver Coup, den ich natürlich als „nicht gesetzt" in meinen Aufzeichnungen vermerke, zur persönlichen Permanenz. Wenn ich unsicher bin, wie das Spiel an meinem Tisch weiter verläuft, welchen Rhythmus es nimmt, ob sich eine Wendung anbahnt, lasse ich schon mal aus taktischen Gründen den einen oder anderen Coup aus oder setze, vor allem beim Software-Spiel, um nicht vom System herausgekickt zu werden, gleichzeitig auf zwei entgegengesetzte Chancen.

Die persönliche Permanenz verläuft, wie schon erwähnt, wellenartig. Das heißt natürlich nicht, dass zehn gewinnenden Coups, zehn verlierende folgen. Auch in einer Gewinnphase treten kleine Schwankungen und Rückschläge auf, ebenso wie in der Verlustphase der eine oder andere Gewinn gelingt. Aber als routinierter Spieler spüren Sie natürlich, wann Sie sich trotz dieser Rückschläge tendenziell in einer Aufwärtsphase befinden. Diese Permanenzkurve bezieht sich sowohl auf die einzelne Partie, als auch auf einen längeren Zeitraum. Das heißt, Ihre Gewinnserie kann manchmal fünf, sechs, ja sogar zehn und mehr Tage anhalten. Und je länger diese Phase dauert umso aufmerksamer müssen Sie sein, denn irgendwann hat Ihr Spiel den höchsten Punkt der Kurve erreicht und kippt. Jetzt tritt die gefährlichste Situation für jeden Spieler und jede Spielerin überhaupt ein. Sie haben eine lange Reihe von positiven Tagen hinter sich, haben sich sozusagen an den täglichen Erfolg gewöhnt, doch die Talfahrt beginnt und lässt sich auch durch kleine Zwischenhochs, die in dieser Situation die beste Möglichkeit, ja ich möchte sagen, das zwingende Signal zum Ausstieg sind, nicht aufhalten. Es kommt der gefürchtete schwarze Tag, an dem selbst der geübte Amateur, aber auch der Semiprofi alles verliert. Ihre innere Stimme sagt: Ich bin Profi, habe zehn Gewinntage hinter mir und werde auch den elften erfolgreich gestalten. Sie können jetzt die Strategie, den Tisch oder auch das Kasino wechseln, die Negativserie wird fast immer anhalten.

Sie progressieren, verlieren mehr, Sie werden erst nervös, dann wütend und setzen die Brechstange an - „nach zehnmal Rot muss doch Schwarz kommen" - Sie erhöhen das Risiko weiter, verfallen in Verhaltensmuster von denen Sie wissen, dass diese „tödlich" sind, marschieren mit Gedanken wie „dann eben alles" auf den Totalverlust zu, spüren für kurze Zeit, wenn die Taschen endlich leer sind, eine gewisse Erleichterung, da der Druck weg ist, ehe dann der Katzenjammer einsetzt und die Selbstvorwürfe kommen: „Hätte ich doch ...". Die harte Arbeit von vielen Tagen haben Sie innerhalb kürzester Zeit, manchmal nur weniger Minuten, wieder zunichtegemacht, weil Sie Ihre Selbstbeherrschung verloren haben, Ihre psychische Verfassung instabil wurde, weil Sie alles was Sie über diese Situation und ihre Gefährlichkeit wissen, nicht beachtet haben. „Hätte ich doch bei einem Minus von 150 aufgehört, dann hätte ich jetzt nicht 500 Miese an den Hacken." Na und am nächsten oder übernächsten Tag müssen Sie dann mit der Erkenntnis, dass Ihnen so etwas nie, nie, wieder passieren darf, bei null anfangen. Ganz ehrlich und das ist meine Frage an alle Vielspieler: Wie oft sind Sie schon in dieser Situation gewesen? Allerdings brauchen Sie sich dafür nicht zu schämen. Der Mensch ist keine Maschine und hier und da kann er sich nicht von emotionalen Einflüssen befreien, die ihn vom geplanten Weg abbringen. Es braucht halt einige, manchmal sehr lange Zeit, bis das Spiel nicht ihn, sondern er das Spiel beherrscht.

Ich kann mich, dank meiner Aufzeichnungen, an eine lange Nacht im Casino Ende Oktober 1986 erinnern. Ich habe an dem Abend, warum auch immer, erst gegen 22 Uhr angefangen, zunächst einen sehr guten Lauf gehabt und war ganz zufrieden, dass das damals von mir bevorzugte Rentensystem mich kaum eine Stunde später bereits mit über zehn Stücken ins Plus gebracht hatte.

Rentensysteme sind etwas für Sicherheitsfanatiker, werden hier doch über 75 % des Tableaus abgedeckt. Sie können lange Serien kleiner Gewinne produzieren - daher Rentensystem - kosten aber viel Einsatz und reißen im Verlustfalle schnell ein entsprechend großes Loch in die Kasse, das ohne Progression kaum zu schließen ist. Und wenn dann zwei oder drei Verlustcoups hintereinander kommen, was zugegebenermaßen selten passiert, und man jedes Mal verdoppelt hat, ist die Partie für den Tag gelaufen.

Der Tisch war komplett besetzt und es standen auch reichlich Leute in der zweiten Reihe. Gut erinnere ich mich noch an den älteren Herrn zu meiner Rechten, der unablässig mit den Jetons klimperte und sich alle zehn Minuten einen neuen Zigarillo ansteckte, denn derzeit wurde an den Tischen noch kräftig geraucht, und an die Dame schräg gegenüber, etwa in meinem Alter, in einem fantastisch geschnittenen roten Kleid, die durch ein beherztes Kesselsektorspiel mit hohen Einsätzen recht erfolgreich war.

Ach ja, ich sitze übrigens immer am Tisch, auch wenn ich nur fünf bis zehn Coups spiele. Aus einem Sitzplatz erwächst, wie manche unerfahrene Spieler meinen, keineswegs die Verpflichtung oder Verbindlichkeit jeden Coup mitgehen zu müssen. So können Sie sich, vor allem auch, wenn Sie Notizen machen wollen, viel besser konzentrieren, als von einem Stehplatz in der zweiten oder dritten Reihe aus, wo gerade beim Platzieren der Einsätze manchmal ein Gedränge herrscht, wie am Wühltisch im Schlussverkauf.

Aber zurück zum Spiel. Es ist inzwischen kurz nach 23 Uhr.... die Atmosphäre leicht gespannt, denn es hat vor wenigen Minuten einen Streitsatz gegeben, um den lange diskutiert wurde, außerdem bemerke ich, dass ständig sehr spät gesetzt wird.

„Bitte machen Sie Ihr Spiel." Die Kugel rollt „Nichts geht mehr" ...nach zwei weiteren Umdrehungen kommt vom Croupier ein scharfes und unmissverständliches „Bitte nicht mehr setzen". Ich schätze noch drei Umdrehungen...noch zwei, noch eine und doch noch eine weitere...er hat gut geworfen...tack, tack, tack ...achtzehn, Rot, Pair, Manque. Alles bis auf die

Transversale Simple dreizehn bis achtzehn hatte ich besetzt...also Verlustcoup, minus fünf Stücke, während gegenüber die Dame in Rot mit der „Großen Serie" gewinnt, mutiger wird und auch gleich den nächsten Coup annonciert. Rechts neben mir nur Jetongeklimper und ein eindeutiges Feuerzeuggeräusch. Ich muss verdoppeln, zehn Stücke einsetzen und die nächsten drei Coups gewinnen, um den aktuellen Verlust auszugleichen.

Bitte machen Sie Ihr Spiel...Kugel rollt, bis auf das klassische Geräusch absolute Ruhe am Tisch...fünfunddreißig, Schwarz, Impair, Passe...Gewinncoup...zwei Stücke gutgemacht. Also erneut zehn Stücke ins Spiel geben...alles besetzen bis auf die letzte Transversale Simple...

Ein auffallend gut gekleideter Mann, Mitte vierzig Typ George Clooney, tritt an den Tisch, legt einen Fünfhundertmarkschein auf Schwarz und geht weiter. Der Croupier kommentiert das mit „Schein spielt Schwarz"... Kugel läuft...zweiunddreißig, Rot, Pair, Passe. Der Schein ist weg, aber mein Einsatz auch. Jetzt liegt mein Ecart bei minus drei. Ich verdopple erneut auf jetzt zwanzig Stücke, die leider ebenfalls verloren gehen...Saldo minus dreiundzwanzig. Also noch einmal progressieren... vierzig Stücke sind im Spiel. Die nächsten zwei Coups werden gewonnen, doch der dritte Umlauf bringt einen erneuten Platzer.

Die Hand wechselt. Ich wage zunächst nicht mehr zu progressieren, komme aber im Laufe der nächsten Stunde nicht mehr annähernd in Richtung plus/minus Null. Im Gegenteil, die Talfahrt nimmt ihren Lauf. Zwischendurch schaue ich immer wieder mit inzwischen stark erhöhtem Puls und verschwitzten Händen zur Uhr, frage mich ständig, ob ich es noch vor Casinoschluss auf plus/minus null schaffe, was die Nervosität natürlich weiter erhöht. Irgendwann hat sich die Frage dann von alleine erübrigt, das Ziel ist in weiter Ferne am Horizont verschwunden, genau wie die Dame in Rot. Sie kannte die goldene Regel "Mach Schluss, wenn du vorn liegst".

Fazit: Die Partie brachte mir ein Minus von 360 Stücken, sprich 1.800 DM; der erste große Tagesverlust meiner Karriere, aber bei Weitem nicht der letzte. Lehrgeld eben!

Langer Abend kurzer Sinn. Versuchen Sie nie hohe Verluste, die ein Vielfaches Ihres Tageszieles ausmachen, wieder mit Gewalt und möglichst noch am selben Tag hereinzuholen. Es gibt nur eine einzige Möglichkeit zunehmende Verluste abzustellen und die heißt: **Aufhören!** Natürlich können Sie versuchen, mit fiktivem Spiel oder kleinsten Einsätzen solch eine Talsohle zu durchschreiten, aber ich rate dringend davon ab. Sollte Ihr Spiel in dieser Phase wieder, und wenn auch nur für kurze Zeit, in die Pluszone drehen, dann ärgern Sie sich auch noch über die entgangenen Gewinne.

Das Geld, das Sie wieder mit nach Hause nehmen, beziehungsweise welches beim Internetspiel auf Ihrem Spielkonto verbleibt, das ist Ihr Gewinn. Und wenn Sie mit 1.000 Euro begonnen haben und es nach harten Bemühungen nur noch 800 sind, dann hören Sie auf! Die 800 sind Ihr Gewinn.

Die Kunst des erfolgreichen, professionellen Roulettespiels liegt nicht im Gewinnen, sondern im „richtigen Verlieren". Nur wer nicht verliert, beziehungsweise im entscheidenden Moment wenig verliert, wird am Ende gewinnen.

Wie hoch ein Tagesverlust sein darf, möchte ich hier nicht konkret festlegen, aber wenn die Hälfte Ihres Kapitals futsch ist, können Sie sicher sein, den richtigen Ausstiegsmoment schon länger verpasst zu haben.

Also noch einmal, setzen Sie, wenn sich Ihre Permanenzkurve in der Abwärtsphase befindet, einfach aus. Unternehmen Sie frühestens 24 Stunden später einen neuen Versuch und wenn Sie weiter verlieren, pausieren Sie erneut. Sie haben als Spieler gegenüber der Bank den riesengroßen Vorteil, dass Sie jederzeit aussetzen können und wenn es sein muss, auch mehrere Tage. Sie haben die Möglichkeit negative Phasen einfach auszusitzen und Sie werden sich wundern mit wie viel Elan, Freude und Erfolg Ihr Spiel nach so einer kreativen Pause, in der Sie sich mit allem Möglichen nur nicht mit Roulette - auch nicht theoretisch - beschäftigen sollten, wieder anlaufen wird.

Zu diesem Thema schrieb A. Frank Glahn 1926 in seinem Buch „Das systematische Roulettespiel in Theorie und Praxis" folgenden Kommentar, den ich Ihnen nicht vorenthalten möchte:

„Aufhören können!

Eine alltägliche Erfahrung: ein Spieler hat im Verhältnis zu seinem Spielkapital gut gewonnen, vielleicht 50-75%. Da wird seine Taktik von Mißerfolg betroffen. Um den erlittenen Verlust einzuholen, beginnt er mit leidenschaftlicher Hartnäckigkeit zu setzen, den Einsatz zu steigern und in wenigen Minuten ist er für diesen Tag am Ende. Ich gebe einen sehr guten Rat: hast du gewonnen und es kommt der erste merkbare Verlust, so höre auf! Rette den übrigen Gewinn. Mache eine Pause, suche den neubegonnenen Rhythmus und überlege ob du dich diesem anzupassen verstehst oder nicht. Trifft letzteres zu, so gehe fort und spaziere am Strand oder im Wald.

Anstelle fortgesetzten Dauerspiels lieber 2 Spielbesuche von nicht mehr als dreißig Minuten. Will das Spiel nicht klappen so setze ganz aus. Versteife dich nicht darauf, den Tag eine bestimmte Summe zu gewinnen! Wer sich ins Spiel verbeißt, nicht aufhören kann, ist Futter für die Bank!"

Noch Fragen?

5 Ja! Warum fällt das Aufhören so schwer?

Das hängt mit dem sogenannten neuronalen Belohnungssystem im menschlichen Gehirn zusammen. Unser Denkapparat wird in dem Moment, da wir Freude oder Glück empfinden, von Botenstoffen, auch Neurotransmitter genannt - die bekanntesten sind Dopamin und Serotonin - durchflutet, die für ein allgemeines Wohlgefühl sorgen.

So ein Wohlgefühl kann beispielsweise durch einen sportlichen Erfolg, den Start einer lang geplanten Reise, die Begegnung mit einem geliebten Menschen, durch einen beruflichen Aufstieg oder eine Gehaltserhöhung und natürlich auch durch ein Geldgewinn ausgelöst werden.

Doch während wir für sportliches, berufliches und anderes Gelingen lange arbeiten müssen, kommt das Resultat beim Glücksspiel und speziell beim Roulette praktisch sofort, sozusagen im Sekundentakt. Außerdem kann schon die Aussicht auf den Erfolg, die Möglichkeit eines Gewinns – selbst wenn dieser noch nicht eingetreten ist – dafür sorgen, dass Glückshormone ausgeschüttet werden und man ein positives Gefühl spürt.

Deshalb ist es im Endeffekt unbedeutend, ob man gewinnt oder verliert. Die Aussicht auf eine Belohnung ist stets vorhanden und darin liegt die große Gefahr. Sie erleben die Situation als Wohlgefühl und der Impuls, dieses Erlebnis zu wiederholen, wird immer stärker.

Nach mehreren Gewinnen aufzuhören und damit auf weitere Belohnungen zu verzichten ist schon äußerst schwer. Sie kennen sicher das berühmte deutsche Sprichwort „Gier frisst Hirn", welches besagt, dass Emotionen, die in diesem Falle immer mehr wollen, oft stärker sind als der Verstand.

Noch viel schwerer wird es natürlich nach Verlusten den Spieltisch zu verlassen, hat man doch dann nicht nur nichts gewonnen, muss auf die Möglichkeit weiterer Belohnungen verzichten und dafür auch noch bezahlen. Da bleiben Verstand und Rationalität auf der Strecke. Und genau an dieser Hürde scheitern mindestens 98 % aller ernsthaften Systemspielerinnen und Systemspieler, ganz egal welchen Bildungs-, Ausbildungsstand oder sozialen Hintergrund sie haben.

Übrigens ist dies auch die klassische Stelle um in die Suchtgefahr zu geraten. Eigentlich gehört das Thema nicht in dieses Buch, denn jeder, der meine Empfehlungen ernst nimmt, ist weit davon entfernt spielsüchtig zu werden. Dennoch ist die Gefahr der Abhängigkeit natürlich bei jedem Glücksspiel gegeben, vor allem aber bei denen mit einem schnellen Aufeinanderfolgen von Einzahlung und Ausschüttung, und dazu gehört natürlich auch Roulette. Der Mediziner bezeichnet das als

„pathologisches oder zwanghaftes Spielen". Aber nicht jeder, der bei zunehmenden Verlusten nicht gleich aufhören kann, wird spielsüchtig. Dazu bedarf es im Einzelfall noch eines instabilen persönlichen Hintergrundes, aus dem negative Beeinflussungen resultieren, die genetischer, psychosozialer und biologischer Art sein oder in einer Wechselwirkung dieser Einflüsse liegen können.

Genetische Faktoren können in einer familiären Vorbelastung liegen, psychosoziale Ursachen können mangelndes Selbstwertgefühl, traumatische Erlebnisse, fehlende berufliche Perspektiven, Schwierigkeiten im Umgang mit Emotionen sein, biologische Einflüsse hängen mit dem bereits angesprochenen Belohnungssystem im Gehirn zusammen. Bei übermäßigem Spiel nimmt die Wirkung der Glückshormone Dopamin und Serotonin durch einen fortschreitenden Gewöhnungsprozess ab und die Spieler und Spielerinnen verlängern die Spielzeiten und erhöhen die Einsätze. In letzter Konsequenz geht es beim Glücksspiel für viele Menschen aber gar nicht ums Geld, sondern um eine Flucht vor der Realität. Man begibt sich in eine andere, fiktionale Welt. Dazu braucht man übrigens nicht unbedingt spielsüchtig zu sein.

Es ist nicht neu, dass Menschen, die zu exzessivem Spiel neigen oder die Schwelle zur Sucht schon überschritten haben, sich in jeder deutschen Spielbank sperren lassen können. Aber auch die Spieleanbieter im Netz können sich auf diesem Terrain nicht aus der Verantwortung stehlen und so finden Sie bei vielen eindeutige Hinweise auf die Suchtgefahr und auch Möglichkeiten,

Spieleinsätze und Zeiträume zu limitieren, bis hin zum totalen und völligen Selbstausschluss, auch Spielerselbstsperre genannt. Aber dazu gehört natürlich auch ein großes persönliches Maß an Einsicht.

Ich habe mich während der Arbeit an diesem Buch oft stundenlang durch einschlägige Rouletteforen gelesen und es war und ist manchmal erschreckend, ja beängstigend, mit wie viel Blauäugigkeit, Ahnungslosigkeit aber auch geballter Dummheit mancher und manche versuchen ihr Glück am Spieltisch zu finden; Leute die nichts verstanden haben, täglich drei oder mehr Glücksspielanbieter frequentieren, ja teilweise die erste Stufe des Suchtverhaltens schon erreicht haben. Natürlich sind solche Quellen mit Vorsicht zu genießen, tummeln sich dort doch jede Menge Selbstdarsteller, Wichtigtuer und Schönredner.

6 Roulette ist für mich kein Glücksspiel

An dieser Stelle wird es Zeit mit dem Begriff „Spieler", der in unserem Sprachgebrauch vorwiegend negativ belegt ist, aufzuräumen. Dieser Terminus ist ganz nah bei Glücksspiel, Spielsucht, Abhängigkeit, wirtschaftlichem und seelischem Ruin angesiedelt. Spieler und natürlich auch Spielerinnen, das sind in unserm Wortschatz Menschen, die am gesellschaftlichen Abgrund stehen, ihr Geld in rauchgeschwängerten Hinterzimmern beim Poker verzocken, in die Automatenhalle tragen oder stundenlang auf einem Barhocker vor dem einarmigen Banditen beziehungsweise dessen elektronischen Nachfolgern sitzen und natürlich auch, und das ist der Klassiker, Menschen die sich im Casino um Haus und Hof bringen.

Von diesem Bild ist die Einstellung zum Roulette, die ich hier propagiere, so weit entfernt wie Kiel von Kapstadt.

Der „Spieler" den ich ihnen nahebringen möchte, ist in Wirklichkeit ja gar kein - auch wenn ich diesen Terminus im Verlauf meines Buches weiterhin verwenden werde - „Spieler", sondern eigentlich ein fleißiger und disziplinierter Arbeiter. Noch besser gesagt ein selbstständiger Geschäftsmann oder Unternehmer, der mit einer Bank, in diesem Falle der Spielbank, für kurze Zeit eine Geschäftsbeziehung eingeht, ihr sein Kapital zur Verfügung stellt, mit der Bitte es nach seinem Geschäftsmodell (System) anzulegen, in der Hoffnung auf eine gute Rendite. Dabei behält er jederzeit die Kontrolle über sein Geld, das er ja nur für Sekunden aus der Hand gibt. Er braucht für diese Einlage weder einen Ausgabeaufschlag noch Maklercourtage oder Depotentgelt zu bezahlen und an seiner Investition bereichern sich weder unfähige Manager noch überbezahlte Vorstände, um mal einen Vergleich zu Wertpapier- oder Anlagegeschäften zu ziehen.

Apropos Wertpapiergeschäfte ...wussten Sie, dass der meistgesprochene Satz im Zusammenhang mit Börsengeschäften mit den Worten „Hätte ich doch" beginnt. Hätte ich doch dieses Papier nicht gekauft. Hätte ich doch jene Aktie bei einem Plus von zwölf Prozent abgestoßen, hätte ich doch auf meinen Bankberater gehört oder hätte ich doch nicht auf meinen Bankberater gehört und so weiter. Diese Redewendung lässt sich 1:1 auf den Sprachgebrauch beim Roulette übertragen. Dabei geht es hier weniger um so simple Feststellungen wie „Hätte ich doch auf Rot gesetzt", sondern die drei Worte tauchen viel häufiger im Zusammenhang mit Disziplin- oder Kontrollverlust auf. Hätte ich doch eher aufgehört, dann wäre mein Kapital jetzt nicht futsch; hätte ich mich doch mit dem kleinen Gewinn, den ich noch vor zehn Minuten hatte, zufriedengegeben. Nicht nur Vielspieler werden das kennen.

Doch gehen wir noch einmal zurück zur Börse. In einer Zeit, da der weitaus größte Teil dessen was dort gehandelt wird, nicht mehr aus Unternehmen, die eine Ware herstellen oder eine Dienstleistung anbieten besteht, sondern nur noch heiße Luft ist, frage ich mich immer wieder, wo denn eigentlich die Zocker sitzen. Differenzkontrakte, Nahrungsmittelspekulationen, Optionsscheine, Wetten auf steigende oder fallende Kurse, sogenannte Knock-Out-Zertifikate oder die Bitcoin Euphorie sind Angebote auf die vorwiegend junge Männer, die sich als sogenannte „Day Trader" versuchen - übrigens eine sehr zeitaufwendige Beschäftigung- geradezu fliegen. Laut verschiedener Quellen machen 80 Prozent von ihnen auf Dauer Verluste. Kenner der Szene behaupten sogar, dass die Anzahl der Dauergewinner unter 10 Prozent liege. Eigentlich müssten sie deshalb ja „Day Loser" heißen. Im Vergleich dazu ist die von mir propagierte Form des Roulettespiels eine stocksolide Kapitalanlage. Bereits vor mehr als dreißig Jahren sagte der berühmte Börsenguru André Kostolany: *„Ich gehe jeden Tag zur Börse, weil man nirgendwo so viele Dummköpfe pro Quadratmeter trifft!"*
Ein Zitat, das heute in etwas abgewandelter Form, aktueller denn je ist.

Also noch einmal: Betrachten Sie das Roulette nicht als Spiel und schon gar nicht als Glücksspiel, sondern als Geschäftsgrundlage. Der Spieltisch, egal ob im Casino oder als Animation auf dem heimischen Rechner, ist Ihr Arbeitsplatz und Ihr System beziehungsweise Ihre Strategie Ihr Geschäftsmodell, das

Sie mit Beharrlichkeit und Disziplin durchziehen und an dessen Erfolg Sie glauben.

Unsere größte Schwäche liegt im Aufgeben.
Der sicherste Weg zum Erfolg besteht darin,
immer wieder einen neuen Versuch zu wagen.

Thomas Alva Edison

7 Spielkapital und Gewinnerwartungen

Die Frage nach der Höhe des Spielkapitals ist eine sehr wichtige, wenn auch nicht die wichtigste. In fast allen Systemschriften gibt es natürlich einen Hinweis auf das erforderliche Budget. Da liest man dann oft, um mal einen Mittelwert als Beispiel zu nennen, den lapidaren Satz: Ein Kapital von hundert Stücken plus einer dreifachen Reserve sollte hier ausreichen. Was bedeutet das? Dass ich am Ende mit den hundert Stücken doch nicht auskomme und besser gleich vierhundert bereithalten sollte, oder dass ich ab und zu mit einem Totalverlust rechnen muss? Dass ich nach einem Totalverlust noch drei weitere Chancen habe? Und wo soll ich denn diese dreifache Reserve bereithalten? Auf der Kreditkarte oder wenn ich im Casino bin in der Hosentasche oder im Auto vor der Tür oder besser zu Hause im Küchenschrank? Ich empfehle von Anfang an nicht mit zu geringer Barschaft zu beginnen, beziehungsweise die Stückgröße dem Spielkapital anzupassen, heißt, wenn ich nur hundert Euro zur Verfügung habe sollte die Jetongröße auch nicht über einem Euro liegen. Aber selbst bei einer Stückgröße von einem Euro empfehle ich ein Kapital von fünfhundert. Das ist natürlich sehr hoch gegriffen, aber mit solch einer Summe im Rücken spielt es sich, vor allem natürlich aus psychologischen Gründen, leichter, als wenn man die ganze Zeit auf der Rasierklinge tanzt. Ein größerer Verlust fällt da nicht so schwer ins Gewicht, wird auf Ihrem Konto nicht so stark sichtbar.

Der Mathematiker und Rouletteforscher Henri Chateau (1858-1932) schrieb dazu in seinem Standardwerk der Roulettewissenschaft: *„Wir sind der Ansicht, dass sich ein Spiel, bei dem sich im Verlauf unserer Prüfungen ein Kapitalbedarf von 200 bis 300 Stücken ergeben hat unter keinen Umständen ohne ein verfügbares Kapital von mindestens tausend Stücken in Angriff genommen werden sollte. Hierdurch vermeidet man von jenem Fieber ergriffen zu werden, das die bestens ausgeglichen erscheinende Person befällt, sobald der erlittene Verlust ¾ oder gar 4/5 des Kapitals erreicht hat. Ein Fieber, das umso gefährlicher ist, als es die Spieler alle vernünftigen Grundsätze vergessen lässt... um sie in die gefährlichsten Experimente zu stürzen, wobei sie einzig und allein von ihrer entfesselten Phantasie getrieben werden."*

Also sparen Sie nicht an der falschen Stelle, aber vergessen Sie nie, dass auch das größte Kapital keine Gewähr für den Erfolg ist.

Was die Gewinnerwartungen anbelangt, so sind es vor allem Hobbyspieler und Anfänger, die von völlig falschen Vorstellungen ausgehen. Wer hat nicht schon einmal davon geträumt, mit hundert Euro die Bank zu sprengen oder mit einem fünfstelligen Betrag nach Hause zu gehen. Glückspilze gibt es immer wieder, schließlich gewinnen auch Lottospieler bei einer Chance von nur eins zu hundertvierzig Millionen hier und da den Jackpot. In den letzten Goldgräberzeiten der Casinos, so zwischen Mitte der1950er bis Ende der 1980er Jahre waren Großgewinne stets eine Zeitungsmeldung wert und damit die beste Werbung für die Spielbanken. Heute, in Zeiten absoluter Informationsüberflutung, interessiert sich kein Mensch mehr dafür, es sei denn einem Promi ist mal ein-im wahrsten Sinne des Wortes-großer Coup gelungen. Die Internetcasinos werben natürlich auf ihren Seiten mit den aktuellen Gewinnern, aber niemand erfährt, wie viele Anläufe der oder diejenige gebraucht haben und welche Summe am nächsten Tag wieder verloren wurde. Die käuflichen Systeme zeigen an Hand von Permanenzen was mit ihrer Methode zum Beispiel ...damals am 1. Januar 1976 und in den folgenden Wochen und Monaten an Tisch 1 der Spielbank Lindau oder was weiß ich wann und wo möglich gewesen wäre. Von den etwa fünfundzwanzig Systemschriften, die ich noch in einem Karton im Keller liegen habe, „rechnet" mir jede einen Dauergewinn über Wochen und Monate, manchmal ohne einen einzigen Verlusttag, vor. Das heißt, egal welches der vielen käuflichen Systeme Sie nutzen, Sie sind immer auf der Gewinnerseite. Natürlich fehlt nirgendwo der klein gedruckte Hinweis, dass die hier vorgerechneten Ergebnisse an Hand von Permanenzüberprüfungen ermittelt wurden und keine Garantie für zukünftige Gewinne darstellen. Ich möchte nicht behaupten, dass diese Systeme nicht spielbar sind, aber die teilweise fantastisch hohen Zuwächse, die in Aussicht gestellt werden, sind von der Realität meilenweit entfernt. Irgendetwas kann da nicht stimmen.

Nach meinen praktischen Erfahrungen, die ich im Laufe von 35 Jahren gemacht habe, sollte sich der ernsthafte Profi mit einem Tagesgewinn von einem Prozent zufriedengeben. Das heißt, wenn ich fünf Euro am Tag gewinnen möchte, muss ich fünfhundert Euro Spielkapital mitbringen. „Das ist doch lächerlich, das schaffe ich doch mit der linken Hand, mit fünfhundert fünf zu gewinnen", werden jetzt viele von ihnen sagen. Na gut, wenn das so leicht ist, sind Sie der geborene Profi, aber bitte spielen Sie doch mal einen Probemonat. Halten Sie mal konsequent dreißig Tage durch und versuchen Sie Ihr Kapital täglich um ein Prozent zu vergrößern. Sie können auch gerne mehr gewinnen, dann haben Sie eine Reserve für die Tage an denen es nicht so gut läuft. Wichtig ist, was am Monatsende auf der Habenseite steht. Wohlgemerkt, ich spreche hier über realistische Möglichkeiten dauerhafte Gewinne zu erzielen und nicht über Glücksspiel.

Oft sehe ich Spielerinnen und Spielern zu, die mit einem Kapital zwischen fünfhundert und tausend Euro arbeiten, das Tableau wahllos mit Jetons bepflastern, frei nach dem Motto „irgendeine Chance wird wohl gewinnen" und dabei manchmal binnen kurzer Zeit kräftige Zuwächse erzielen, mitunter sogar ihr Kapital nahezu verdoppeln. Dann frage ich mich bisweilen schon: Was machst du eigentlich verkehrt? Wenn ich dann eine halbe Stunde später wieder an diesen Tisch komme und sehe, wie dieselben Leute, die eben noch im Überfluss schwelgten, jetzt mit drei Euro fünfzig „weinend" aufgeben, weiß ich, dass ich alles richtig mache.

Den meisten Rouletteenthusiasten, auch denen, die sich ernsthaft mit der Materie beschäftigen, ist ein Tagesgewinn von einem Prozent viel zu wenig. Denjenigen empfehle ich doch mal bei ihrer Hausbank nach einer Anlagemöglichkeit mit 30 % Rendite im Monat, sprich 360 % im Jahr zu fragen. Man wird bestenfalls den Kopf schütteln, Sie aber wahrscheinlich auslachen. Selbst wenn Sie ein Spielkapital von 500 Euro monatlich nur um 50 Euro vermehren, entspricht das immer noch eine Verzinsung von 10 % im Monat und 120 % im Jahr. Auch dies wird Ihnen keine seriöse Bank der Welt bieten.

Also... wenn Sie jeden Monat dreitausend Euro gewinnen wollen, sollten Sie durchgehend zehntausend Euro Spielkapital zur Verfügung haben. Vielleicht haben Sie jetzt gar keine Lust mehr Ihren Lebensunterhalt mit professionellem Roulettespiel zu bestreiten.

Möglicherweise wird da manch einer nun denken ...na ja, bei den derzeitigen Niedrigzinsen kein Problem. Da nehme ich doch ein Privatdarlehen mit allerhöchstens vier Prozent Zinsen per anno auf und in dreieinhalb Monaten habe ich das Geld hereingespielt. Ich rate dringend davon ab mit geliehenem Kapital zu spielen. Es erhöht gerade beim noch nicht so versierten und abgeklärten Spieler den Druck enorm und wenn es dann doch irgendwann zu einem größeren Verlust kommen sollte, werden Sie, je nach Laufzeit und Konditionen Ihres Kreditvertrages, vielleicht sehr lange kleine Brötchen backen und Ihren Traum von der erfolgreichen Roulettekarriere verschieben oder gar ganz aufgeben müssen. Also fangen Sie lieber klein an, erhöhen Sie Ihr Kapital nach und nach und bleiben Sie kontinuierlich und vor allem diszipliniert bei der Sache. Der Rest kommt dann ganz von alleine.

Das beste Werkzeug hilft mir nicht weiter,
wenn ich es nicht anwenden kann.

8 Das System

Der Traum vom unfehlbaren Roulettesystem, das einen Gewinn von mindestens einem Stück pro Tag garantiert, ist Jahrhunderte alt und glücklicherweise bis heute ein Traum, denn es würde natürlich das Ende dieses genialen Spieles bedeuten.

Aber kaum ein Prozent aller Spielerinnen und Spieler gibt sich die Mühe, konsequent über einen längeren Zeitraum nach einem System zu spielen.

Selbstverständlich brauchen Sie ein System, eine Strategie. Mit blindem oder intuitivem Setzen kann Ihnen zwar hier und da ein Glückstreffer gelingen, auf Dauer werden Sie damit genauso wenig Erfolg haben, wie mit panischem Wechsel verschiedener Taktiken.

Aber was ist ein System? Wenn Sie die gefallene Chance stets einmal nachsetzen, ist das bereits ein System. Wenn Sie nach einem Gewinn jeweils ein Paroli dranhängen, ist das auch ein System und wenn Sie nach dreimaligem Erscheinen derselben Einfachen Chance auf die Gegenchance setzen, vielleicht dreimal progressieren, ist das ebenfalls ein System, um mal ein paar ganz einfache Beispiele zu nennen. Natürlich gibt es die jahrhundertealten Klassiker, darüber hinaus einen Wust von neueren käuflichen Systemen von denen auch immer weitere auf den Markt kommen und meist für sehr viel Geld angeboten werden. Es vergeht kaum ein Monat, in dem mir nicht eine „neue vielversprechende Gewinnstrategie" mit unglaublichen Superlativen offeriert wird. Wie zum Beispiel:

„Mit keiner anderen Methode vergleichbar",

„Dem Roulettekessel und damit dem Zufall auf Dauer überlegen",

„Lässt alles Bisherige vergessen ",

„Das effektivste und erfolgreichste Roulette System, das jemals entwickelt wurde",

„Als Strategie unschlagbar und ohne jede Konkurrenz"...

Wie schon erwähnt, habe ich, vor allem in den ersten Jahren meiner Karriere, eine ganze Reihe davon gekauft, aber leider oft die Erfahrung gemacht, dass die meisten weit hinter den Versprechungen zurückbleiben, dass viele viel zu kompliziert sind, manchmal, weil schlecht oder fehlerhaft erklärt, nur schwer erlernbar, andere wiederum einen enormen Buchungsaufwand zwischen den Coups erfordern. Apropos Buchung, das Mitschreiben der persönlichen Permanenz und der daraus resultierenden Gewinne und Verluste ist grundsätzlich eine gute Sache und für den Systemspieler, der aus einer bestimmten Konstellation seine Einsatzrichtlinien in Bezug auf Aussetzen, Abbruch oder Fortsetzen erhält, unerlässlich. Ich habe viele Jahre jeden einzelnen Spielzug detailliert mitgeschrieben, mache mir bis heute Notizen, allerdings nicht mehr in dieser Ausführlichkeit, sondern belasse es meist bei einer Saldenfortschreibung, um den Überblick über den aktuellen Spielstand zu behalten. Na ja und manchmal schreibe ich mir noch einen persönlichen Kommentar ans Ende, ob ich mit mir zufrieden war, ob mir Fehler unterlaufen sind und worauf ich in Zukunft vermehrt achten sollte.

Aber zurück zum Thema System. In den 1980er-Jahren habe ich mit Begeisterung das internationale Spielbanken Magazin „Roulette" gelesen, das in jeder Ausgabe mindestens einen gut spielbaren Systemvorschlag ausführlich vorstellte. Leider gibt es diese, verdammt gute und mit viel Liebe gemachte, Zeitschrift heute in der Form nicht mehr. Doch bieten die Seiten vieler Internetcasinos, manchmal sogar in speziellen Blogs, immer wieder Spielmethoden an, die zum einen kostenlos zum anderen relativ verständlich und leicht spielbar sind. Damit habe ich sehr gute Erfahrungen gemacht und mir dort auch schon mal die eine oder andere Anregung geholt, manchmal durch kleine Veränderungen meinen Vorstellungen angepasst. Wenn ein System leicht spielbar ist, heißt das nicht, dass es schlecht ist, im Gegenteil, denn bekanntlich sind im Leben die einfachsten und direkten Wege häufig die erfolgreichsten. *„Das Geniale ist immer einfach"*, hat schon Einstein gesagt.

Sollten Sie jemals einen Berufsspieler persönlich kennenlernen - was sehr unwahrscheinlich ist, denn so viele gibt es davon in Deutschland nicht - würden Sie erstaunt sein, mit welch verblüffend einfachen Systemen und Strategien ein Profi arbeitet.

Dafür ist er aber mit jenen Eigenschaften ausgestattet, die ich Ihnen in diesem Buche zu vermitteln suche, nämlich einem Höchstmaß an Geduld, Souveränität, Abgeklärtheit und vor allem absoluter Disziplin.

Sie werden sicher einige Zeit brauchen um das System, das Ihnen zusagt, mit dem Sie sich identifizieren können, von dem Sie das Gefühl haben, dass es zu Ihnen und Ihrer Mentalität passt, zu finden. Ich möchte sagen, es muss Ihnen sympathisch sein, muss Ihr „Freund" werden, auf den Sie sich verlassen können. Sie müssen ihm vertrauen, sich bei der Anwendung wohlfühlen und es natürlich perfekt beherrschen, denn nur so werden Sie am Ende erfolgreich sein. Dabei ist es ganz egal, ob Ihre Methode flexibel oder starr, risikoreich oder eher weniger risikoreich ist, es kommt nur auf die richtige Anwendung an. Nicht schlecht ist es, wenn Sie noch einen „Plan B" zur Hand haben, sozusagen ein „zweitliebstes" System, das eine andere Strategie verfolgt und deshalb vielleicht besser zu einem aktuellen Permanenzverlauf passt, möglicherweise in einer Negativphase Ihr Standardsystem ablösen kann. Eine Garantie ist das aber nicht.

Grundsätzlich sind die meisten Systeme, ob nun käuflich oder kostenlos auf den Seiten der Internetcasinos angeboten, irgendwie spielbar, wenn auch nicht so erfolgreich wie vom jeweiligen Verfasser angepriesen, da der häufig den Fall X nicht erwähnt hat. Die Kugel hat kein Gedächtnis und geht stets ihren eigenen Weg; Gewinn oder Verlust interessiert sie nicht. Die

Wahrscheinlichkeit, dass nach zehnmal Rot diese Chance auch ein elftes Mal erscheint, ist genauso groß wie beim ersten Coup, denn jeder Kugelwurf ist vom vorherigen unabhängig. Verfallen Sie deshalb nicht gleich in Panik, wenn Ihr System nicht läuft, und wechseln Sie nicht ständig die Strategie. Nachher ist man immer schlauer. Sie können am Spieltisch nichts erzwingen und werden es immer wieder erleben, dass das Spiel absolut konträr zu all Ihren Systemen verläuft und Ihnen manchmal keine Chance lässt. Doch ...eine haben Sie immer: **Aufhören!**

A.Frank Glahn: *„Seine schlimmsten Gegner bringt der Spieler selbst mit: mangelndes Verständnis, Unerfahrenheit in der Spieltaktik, mangelnde Selbstbeherrschung, die Verbissenheit einen Verlust durch unsinniges Wagen wieder einholen zu wollen, wodurch das kopflose Nachlaufen eine Steigerung des Verlustes die Regel ist."*

PS: Kesselgucker und Kesselfehlerspezialisten

Ach ja ...ehe ich es vergesse, an dieser Stelle noch ein Wort zu den sogenannten Kesselguckern und Kesselfehlerspezialisten; Rouletteenthusiasten, die Ihr Glück jenseits aller herkömmlichen Systeme suchen. Kern der Methode ist, das sich drehende Roulette-Rad genau zu beobachten und im richtigen Moment, zwischen Kugelabwurf und „Nichts geht mehr", aus Zusammenspiel von Kugellauf und Kesseldrehung, einzuschätzen, auf welcher Zahl oder besser, in welchem Sektor die Kugel schließlich liegenbleiben wird.

Die „Beobachtungsspieler" sind eine Spezies, von der ich gar nichts halte, obwohl um deren Erfolge schon oder gerade vor Jahrzehnten ein Wahnsinnswirbel gemacht wurde. Bereits damals brodelte hier eine Gerüchteküche deren Inhalte, wie immer in solchen Situationen, mit jedem Weitererzählen sensationeller wurden. Aus dreitausend DM wurden dann schnell mal dreißigtausend, aus einem mittelmäßigen Spielgewinn ein Raubzug und aus einem Durchschnittsverdiener ein Millionär. Immer wieder habe ich bei Casinobesuchen - sozusagen im Vertrauen oder als Insiderinformation hinter vorgehaltener Hand – solche Geschichten erzählt bekommen. Für mich gehören sie in die Rubrik Märchen und Sagen aus den Goldgräberzeiten der Spielbanken. Was muss das für eine erbärmlich laufende Schüssel sein, der ich trotz wechselnder Hand, völlig unterschiedlicher Abwurfstärke des Croupiers, wechselnder Abwurfpunkte, wechselnder Drehrichtung und Intensität ansehen kann, in welchem Sektor die Kugel landen wird. Na ja und im Internetcasino gibt es den Spuk ohnehin nicht...

Aber bekanntlich ist ja nichts unmöglich...und wenn ich jetzt länger darüber nachdenke, und schließlich heißt dieses Buch ja „Gedanken zum professionellen Roulettespiel", könnte ich mir schon vorstellen, dass ein Mensch, der fünf bis zehn Jahre lang in unendlich vielen Casinos, bis zu zehn Stunden täglich, Hunderte von rotierenden Roulettekesseln beobachtet, sicherlich ein ganz besonderes Auge und Gespür und somit eine ganz stabile Intuition für diesen Vorgang bekommt. Intuition ist eine kognitive Fähigkeit, die auf Erfahrungen aufbaut, ein kreativer Prozess, in dem man nach Mustern sucht, die sich wiederholen und das kann man lernen. Wer sich solch einer Aufgabe immer wieder stellt, wird möglicherweise irgendwann bemerken, dass seine Vorhersagen beständiger werden, häufiger zutreffen, und dann gepaart mit schlafwandlerischer Routine, Selbstsicherheit und einem guten Lauf, für ordentliche Gewinne sorgen.

So porträtierte die Wirtschaftszeitschrift Manager Magazin in ihrer Ausgabe vom 22.03.2006 einen bekannten Spieler, der damals in aller Munde war, es mit dieser Technik zu Millionengewinnen gebracht haben soll und kam dabei zu folgendem Resümee: *„Theoretisch muss er mit seinem System 9 von 35 Spielen gewinnen, um auf plus/minus null zu kommen; ein mühsames Geschäft. Alles addiert, hat er laut eigener Schätzung gerade mal eine Rendite von 2 bis 3 Prozent auf seine Gesamteinsätze erzielt. Und das bei bis zu 14 Stunden täglich, an 300 Tagen im Jahr."*

Ehrlich gesagt...da gewinne ich mein Geld doch leichter.

9 Die Bank gewinnt immer?

Natürlich gewinnt die Bank fast immer, sonst gäbe es sie ja nicht mehr, aber es braucht ja nicht unbedingt Ihr Geld sein, an dem sie sich bereichert, es sind ja genug andere da, die ständig verlieren.

Ich lese immer wieder, Roulette sei das einfachste und fairste Glücksspiel schlechthin. Ohne Zweifel ist es einfach, wobei das Ausfüllen eines Lottoscheins auch nicht gerade sehr kompliziert ist. Aber fair? Ich weiß nicht, ob man in diesem Zusammenhang von Fairness reden kann? Aber es ist schon eine sehr reelle Sache. Es gibt eine Menge verschiedener Setzmöglichkeiten und daraus resultierender Gewinnchancen, der „Ziehungsvorgang" der einzelnen Chancen ist für jeden Spieler direkt einsehbar, der Spielvorgang läuft in Sekundenschnelle ab, schneller sind höchstens noch Spielautomaten, und die Gewinne werden sofort ausgezahlt. Alles Faktoren, die das Spiel äußerst attraktiv machen.

Doch nichts ist so gähnend langweilig, abgedroschen und unwichtig, wie die nicht enden wollende Diskussion über den Bankvorteil, auch Hausvorteil genannt.

Theoretisch werden 97,3 % und wenn Sie nur einfache Chancen spielen sogar 98,65 % der Einsätze wieder ausgeschüttet.

Das heißt, wenn Sie hundertmal hintereinander einen Euro auf dieselbe einfache Chance setzen würden, hätten Sie nur 1,35 Euro verloren, wobei ich allerdings nicht glaube, dass bei hundert Kugelwürfen bereits ein Ausgleich stattfindet. Da empfehle ich, falls Sie das wirklich mal austesten wollen, besser 1.000 Coups zu spielen, dann hätten Sie 13,50 Euro verloren. Wie gesagt „theoretisch", denn wer hat schon Interesse an so einem Experiment, das Sie natürlich auch anhand einer bereits niedergeschrieben Permanenz nachprüfen könnten und eigentlich spielen Sie ja auch um zu gewinnen.

Die Bank behält also von ihren Spielerinnen und Spielern einen kleinen Prozentsatz ihres Einsatzes ein, den man als Hausvorteil bezeichnet. Wenn die Bank allerdings nur am ca. 2,7 prozentigen Hausvorteil verdienen würde, wäre sie arm dran. In erster Linie profitiert sie doch von der „Dummheit und Gebefreudigkeit" ihrer Besucher. Oder können Sie sich vorstellen, dass ein Roulettespieler während einer „Sitzung", gemessen an seinem Kapital und seinen Einsätzen, genau die 2,7 Prozent Bankvorteil verloren hat? Die große Mehrheit verliert doch ständig, und zwar erheblich mehr, als der mathematische Vorteil der Bank ausmacht.

Der Bankvorteil ist halt eine Tatsache, die seit Jahrhunderten feststeht und nicht verhandelbar ist, eine Regel, die Ihnen bekannt ist, bevor Sie Ihr Spiel beginnen. Auf Ihre Gewinnchancen hat das aber keinen Einfluss. Deshalb ist die ganze Diskussion um diesen mathematischen Hausvorteil, die ich wie bereits erwähnt, schon lange nicht mehr hören mag, uninteressant. Ihre Gewinnmöglichkeiten werden dadurch in keiner Weise gemindert. Machen Sie sich keine Gedanken mehr darüber. Am besten ist Sie vergessen es einfach.

Es heißt immer wieder, die Bank säße am längeren Hebel da sie über das größere Kapital verfügt. Ja glauben Sie denn mit einer Million im Rücken Ihre Gewinnchancen vergrößern zu können, wenn Sie nicht über die anderen Voraussetzungen zum erfolgreichen Spiel verfügen? Natürlich ist das gut, wenn ich ein großes finanzielles Polster habe ...aber ich würde mich verdammt unwohl fühlen, wenn ich um erfolgreich zu sein, ständig ans Tischlimit gehen müsste.

Jede Bank verfügt in der Regel über mehr Kapital als ihre Kunden, sonst könnte sie kaum arbeiten. Aber im Gegensatz zu herkömmlichen Banken, die Ihnen Zinsen, Laufzeiten, Anlagemöglichkeiten mehr oder weniger diktieren und am Ende auch nur wenige bzw. sehr bescheidene Gewinne garantieren können, haben Sie gegenüber der Spielbank unendliche Optionen. Sie können Anlagesumme, -möglichkeiten, -laufzeit und -strategie in Sekundenschnelle wechseln, Ihre Verluste begrenzen, so lange Sie wollen pausieren, jederzeit zu neuen Konditionen ohne Nebenkosten ein- und wieder aussteigen und das, so lange das Casino geöffnet ist, im Internetspiel sogar rund um die Uhr. Die Bank muss jederzeit auf jedes Ihrer Angebote eingehen, ja Sie können sogar die Null besetzen und damit gegen den sogenannten Bankvorteil spielen oder beispielsweise auch 35 Felder besetzen, Ihrem Gegenüber also nur noch eine Gewinnchance von 2:35 einräumen, was ich allerdings nicht empfehle.

Eigentlich hat die Bank gegenüber dem Spieler nur einen einzigen Vorteil: Die stabilere Psyche...sie wird halt nicht nervös!

*Ob Sie denken, dass Sie können, oder ob Sie denken,
dass Sie nicht können – es ist beides richtig.*

Henry Ford

10 Lehr- und Lernzeit

Wenn Sie, in welchem Beruf auch immer, erfolgreich sein wollen, müssen Sie sich darauf intensiv vorbereiten und kommen um entsprechende Lernjahre nicht herum. Eine Berufsausbildung (Lehre) dauert in Deutschland zwischen zwei und dreieinhalb, ein Studium, wenn man die Regelstudienzeit zugrunde legt, drei bis fünf Jahre, wobei die realistische Durchschnittsstudienzeit erheblich länger ist. Na ja und irgendwo dazwischen liegt auch die Zeit, die Sie brauchen werden, um sich als Rouletteprofi zu etablieren. Vor vielen Jahren habe ich mal bei einem Autor gelesen man benötige dazu zehn Jahre, was ich allerdings für stark übertrieben halte. Aber man lernt es halt nicht in ein paar Monaten und einen Ausbildungsplan gibt es natürlich auch nicht.

Sie werden sich die Bausteine für Ihre „Ausbildung" selbst zusammensuchen und entsprechend umsetzen müssen; Lernen durch Tun oder meinetwegen auch „Learning by Doing". Dieses geflügelte Wort ist übrigens nicht, wie mancher denken mag, so neu oder erst im letzten Jahrhundert entstanden, sondern stammt aus einer englischen Aristoteles Übersetzung, ist also gut 2000

Jahre alt und schließt auch einen lebenslangen Lernprozess mit ein.

Ich bin in den letzten zwei Jahrzehnten vielen junge Menschen begegnet, die ihr Studium, ihre Ausbildung „geschmissen" oder gar nicht erst angefangen und sich gleich ins Berufsleben gestürzt haben; frei nach dem Motto „einfach mal machen". Wenn ich mich für einen Berufsbereich, eine Branche interessiere, kann ich mir auch ohne die klassischen Ausbildungswege überdurchschnittliche Fachkenntnisse erarbeiten. Gerade in der Informationstechnik (IT), aber auch in anderen Branchen, lerne ich vermehrt Schulabgänger oder Studienabbrecher kennen, die über ein weitaus größeres Fachwissen verfügen, als beispielsweise Studenten, die sich semesterlang durch eine fragwürdige Bachelorausbildung gequält haben. Aber es ist hier nicht meine Aufgabe unser Bildungssystem zu kritisieren, sondern ich möchte einfach nur feststellen, dass man die Ausbildung zum erfolgreichen Roulettespieler im weitesten Sinne mit einem „Startup", einer innovativen Firmengründung vergleichen kann. Wie gesagt, die Betonung liegt auf „im weitesten Sinne", ist doch die hier propagierte „Geschäftsidee" schon ein paar Hundert Jahre alt.

Es ist also nicht verkehrt, wenn Sie die Mentalität, die „junge Unternehmensgründer" auszeichnet auch als Rouletteprofi mitbringen und dabei ist es ganz egal, ob Sie siebzehn oder siebzig Jahre alt sind.

Sie sollten hochgradig motiviert und begeisterungsfähig sein, Autonomie und finanzielle Unabhängigkeit anstreben, vor allem in der Aufbauphase bereit sein viel und lange (an sich) zu arbeiten, eine gewisse Risikobereitschaft besitzen, sich von Rückschlägen nicht entmutigen lassen, sondern fähig sein, eigene Fehler einzusehen und daraus zu lernen, denn: Es gibt in diesem Job nur eigene Fehler und keinerlei Fremdverschulden! Also, bleiben Sie optimistisch, glauben Sie an Ihren Erfolg und hören Sie nicht auf an Ihrer Disziplin zu arbeiten.

Dieses Buches möchte keinen Ausbildungsweg zum erfolgreichen Roulettespieler aufzeigen, da den jeder und jede für sich individuell suchen sollte, sondern lediglich ein paar hilfreiche Hinweise geben. Es bleibt Ihnen in diesem Falle gar keine andere Wahl, als es mit „Learning by Doing" also mit Ausprobieren und Eigeninitiative zu versuchen, denn nach einem Studium oder dem Ausbildungsgang „Klassisches Roulette" werden Sie vergeblich suchen. Natürlich gibt es eine Menge Literatur, die sich mit dem Phänomen beschäftigt und Sie werden nicht umhinkommen das eine oder andere Buch zu lesen. Aber solche Klassiker wie Marigny de Grilleau „Ein Stück pro Angriff" vielleicht auch Henri Chateau „Standardwerk der Roulettewissenschaft" oder und nicht ganz so historisch Billedivoire „Spielen und Gewinnen", durch die ich mich vor vielen Jahren, sozusagen als Pflichtlektüre, gequält habe, vermitteln zwar viel Wissen, sind aber doch recht schwere Kost und können die Freude am weiteren Studium auch irgendwie bremsen. Denn da fragt sich mancher: „Muss ich das wirklich alles kennen um in diesem Job erfolgreich zu sein?" Nein, das brauchen Sie nicht. Es ist, wie gesagt kein Fehler aber beileibe auch kein Muss.

Da liest sich dann ein Büchlein, um bei der historischen Literatur, beim Altbewährten zu bleiben, wie A. Frank Glahn „Das systematische Roulettespiel in Theorie und Praxis", sehr viel leichter. Aber davon ganz abgesehen sind die hier erwähnten und viele andere Klassiker schon lange nicht mehr an jeder Ecke käuflich, meist nur noch antiquarisch, und auch nicht gerade preisgünstig zu erwerben.

Also durchforsten Sie das Netz nach Fachliteratur aller Art. Ich finde hier und da auch immer wieder noch ein Buch, eine Veröffentlichung, einen Autor, sozusagen eine „unentdeckte Quelle", häufig für wenig Geld, die mir bis dato noch nicht bekannt waren. Und wenn ich dann auch nur ein Kapitel, einen Absatz finde, der mich interessiert, auf eine Idee bringt, dann hat sich der Kauf schon gelohnt. Natürlich besteht dabei immer die Gefahr eines Fehlkaufes, aber das gehört nun mal dazu, wenn man sich einem Thema studienmäßig nähert. Das müssen Sie dann halt unter dem in Deutschland so beliebten Begriff „Unkosten" abhaken.

Probieren Sie einfache und kompliziertere Systeme aus, die Sie meinetwegen irgendwo gekauft haben, die Ihnen empfohlen wurden, auf jeden Fall auch die kostenlosen der Internetcasinos und erweitern Sie so nach und nach Ihren Erfahrungsschatz. Sammeln Sie Praxiserfahrungen durch Trockenübungen bei kostenlosen Spielen oder mit Minieinsätzen, bis Sie irgendwann Ihr System, Ihre Strategie gefunden haben, und diese im Schlaf beherrschen. Dazu ist es natürlich ganz wichtig, dass Sie in der Technik des Spiels absolut sicher sind, heißt, dass Sie den absoluten Überblick über Kessel und Tableau haben. Es ist selbstverständlich, dass Sie wissen, ob eine Zahl schwarz oder rot ist, Sie sollten die Nebennummern kennen und natürlich die Reihenfolge der Zahlen im Kessel, möglichst vorwärts und rückwärts.

Auch ist es nicht verkehrt, wenn Sie sich in den klassischen Annoncen wie Große/Kleine Serie, Orphelins, Finale, Zerospiel etc. auskennen, aber grundsätzlich ist das eher etwas für Vergnügungsspieler, für ein professionelles Spiel sind die relativ unwichtig.

Vor allem aber geben Sie niemals auf, wenn es nicht nach Ihren Wünschen läuft, Sie mit Ihren Fortschritten unzufrieden sind.

Eines Tages werden Sie möglicherweise feststellen, dass mancher Croupier aber auch der eine oder andere Zufallsgenerator über einen gewissen Zeitraum einen bestimmten Wurfrhythmus hat und wenn Sie diese Tendenz erkennen und daraus einen persönlichen Vorteil ziehen können ...dann hat es „Klick" gemacht! Dann wissen Sie zwar immer noch nicht, welche Zahl, welche Chance, welcher Sektor mit dem nächsten Coup fällt, aber Sie haben einen weiten Schritt nach vorne getan, fangen an das Spiel zu verstehen, vielleicht sogar zu beherrschen.

Apropos Wurfrhythmus ...mir fällt es übrigens leichter - natürlich wegen der viel schnelleren Coupfolge - die Tendenz eines Zufallsgenerators zu erkennen als die eines Croupiers.

Dazu bemerkte A.Frank Glahn bereits 1926:
„Auch die Kugel im Roulette erstrebt Rhythmus. Es ist zu beobachten, er wechselt. Die Kugel würde in gleichmäßigeren Rhythmen laufen, wenn die Hand des Croupiers nicht durch die Arbeit des Geldverkehrs bei jedem Schlag aus dem Tempo gebracht würde."

Genau wie beim Aktienkauf werden Sie den hundertprozentig richtigen Einstiegsmoment selten finden. Was nützt es, wenn die letzten fünf Würfe gepasst hätten, Sie aber noch abgewartet haben? Davon abgesehen kann jeder Rhythmus, jede Tendenz mit dem nächsten Kugelwurf abbrechen, ins Gegenteil umschlagen. Es ist aber sinnlos einem verlorenen Coup oder einer ausgelassenen Chance nachzutrauern, das kostet nur Energie und Konzentration. Sie müssen halt etwas versuchen, auch wenn Sie sich dabei auf einem ganz schmalen Grat bewegen, nämlich dem Risiko auf einen kurzlebigen Trend zu setzen oder eine gleichmäßige Tendenz zu verpassen. Aber das ist halt Roulette, Sie balancieren an einem Abgrund entlang und hüten sich abzustürzen. Doch Ihre Beharrlichkeit, Kontinuität und Disziplin werden immer wieder belohnt, wenn sich ein „Fenster" öffnet, in dem Ihnen der Kugellauf wohl gesonnen ist und das kommt gar nicht so selten vor. Und wenn Sie merken, dass sich das „Fenster" wieder schließt, werden Sie nicht hektisch, versuchen Sie es nicht im Minutentakt mit einer anderen Strategie, laufen Sie nicht jedem wechselnden Trend mit einem anderen System hinterher. Wenn nichts mehr geht...dann hören Sie auf!

Na und wenn dann noch der Tag kommt, an dem Sie den Spieltisch trotz größter Mühe mit einem geringen bis mittleren Verlust verlassen haben und Sie dennoch mit sich und Ihrem Spiel zufrieden sind, denn man kann auch-nicht nur beim Fußball-gut gespielt haben, ohne zu gewinnen, wenn Sie also gemerkt haben, dass trotz aller Mühe nicht mehr möglich war und Sie die einzig richtige Konsequenz gezogen und aufgehört haben, dann haben Sie die größte Hürde überwunden. In dem Moment haben Sie etwas verstanden, gelernt mit dem Verlust umzugehen. Ihre Disziplin hat triumphiert und einen entscheidenden Sieg errungen. An dem Tag haben Sie richtig gewonnen, mehr, als wenn Sie im gleichen Zeitraum 100 Stücke auf der Habenseite verbucht hätten. Doch bis Sie an diesen Punkt kommen, werden Sie möglicherweise viel Arbeit, Zeit, Geld und Nerven investieren müssen. Aber ...es lohnt sich. Doch glauben Sie nie, dass Sie irgendwann Ihre Schäfchen im Trockenen haben und dass das jetzt immer so weiter geht, dass Sie jetzt stets auf der Siegerseite sind, und kontinuierlich und ohne jede Einschränkung arbeiten und gewinnen können. Kennen Sie den kürzesten Golfwitz? Nein?! Der heißt nämlich: „Jetzt kann ich's" und lässt sich jederzeit auf das Roulette übertragen. Sie müssen praktisch ständig an sich arbeiten, Ihr Spiel stets weiter vervollkommnen, aufmerksam und konzentriert bleiben, denn alles, was man vermeintlich im Schlaf beherrscht, lädt auch zum Leichtsinn ein. Routine ist bekanntlich die Mutter vieler Fehler; die Gedanken schweifen ab, der Gewöhnungseffekt kann negative Nebenwirkungen haben. Behalten Sie das stets im Hinterkopf.

Also ...machen Sie sich an die Arbeit!

11 Kurz vor Schluss

Mein Buch erhebt keinen Anspruch auf Vollständigkeit und der eine oder andere Leser, die eine oder andere Leserin wird sicher dieses oder jenes vermissen, weil ich es nicht angesprochen, für unwichtig gehalten oder einfach nur vergessen habe. Es sind halt nur Gedanken eines erfahrenen Rouletteenthusiasten, niedergeschrieben über eine Welt, die er von innen her kennt.

Wenn ich die wichtigsten Säulen, die da heißen Geduld, Ausdauer und Disziplin in verschiedenen Kapiteln immer wieder angesprochen habe, so ist das mit Absicht geschehen, um Ihren Fokus darauf zu schärfen. Dies ist ein praxisbezogenes Handbuch, das sich nicht in irgendwelchen Theorien ergeht. Ein Buch, das Ihnen Mut machen will. Nehmen Sie es immer mal wieder für ein paar Minuten zur Hand und lesen das eine oder andere Kapitel, am besten im Vorfeld einer Spielsession und verinnerlichen Sie das Gelesene. Das wird Ihr Spielverhalten positiv beeinflussen, Ihnen Nervosität und Angst nehmen, Souveränität und Selbstbewusstsein stärken und Ihnen die Entscheidungsfähigkeit in kritischen Situationen erleichtern.

Die Art zu spielen, die ich Ihnen hier nahe zu bringen versuche, ist völlig unspektakulär, aber effektiv und, ich kann es nicht oft genug wiederholen, Ihr Erfolg ist einzig und allein von Ihrer psychischen Verfassung und der daraus resultierenden Disziplin abhängig, vorausgesetzt natürlich, dass Sie Ihr System, Ihre Strategie gefunden haben und spieltechnisch absolut fit sind.

12 Zum Schluss

Sie bewegen sich als Rouletteprofi in einer ganz, ganz kleinen Nische, in einem selbst geschaffenen Freiraum. Sie machen etwas, was fast niemand macht. Es gibt in Deutschland weniger Rouletteprofis als Milliardäre. Apropos Millionen ...Millionär werden Sie damit nicht. Diese Illusion muss ich Ihnen leider nehmen. Aber Sie können sich-wenn es erst einmal läuft-mit äußerst geringem Zeitaufwand ein solides, „gehobenes" Nettoeinkommen erarbeiten, denn schließlich sind Glücksspielgewinne steuerfrei. Sie werden nicht reich aber unabhängig.

Große Teile unserer Gesellschaft erkaufen sich doch Ihren Wohlstand durch immer mehr Arbeit und bezahlen ihn mit immer mehr Zeit. Als Rouletteprofi gelingt es Ihnen, diesen Teufelskreis zu durchbrechen, aus dem Hamsterrad zu entfliehen, Ihr Leben, Ihren Alltag vom Einkommen und der Arbeitszeit unabhängig zu machen, denn nichts ist in diesem Leben so wertvoll wie freie Zeit. Leben Sie Ihre Träume jetzt, glauben Sie nicht, damit bis zum Rentenalter warten zu müssen.

Bewerbungsstress wird für Sie zum Fremdwort. Sie werden nie mehr hinter anderen herlaufen, nie mehr jemandem nach dem Mund reden, sich nie mehr irgendwo anbiedern müssen.

Wenn Sie morgens Ihr Spiel beginnen, denken Sie an die Menschen, die jetzt in überfüllten Bussen und Bahnen sitzen oder irgendwo im morgendlichen Stau stehen, auf dem Weg zu einem ungeliebten stressigen Arbeitsplatz, wo Sie vielleicht auch einmal gestanden haben. Sie können den Alltags-, Arbeits- und Bürostress für immer vergessen. Das Hauen und Stechen im Kampf um die Karriere, das Streben nach dem eigenen Vorteil auf Kosten anderer ist ungesund, macht krank, lässt schnell altern und gehört für Sie der Vergangenheit an.

Das Bruttoinlandsprodukt interessiert Sie genauso wenig, wie das Wirtschaftswachstum oder wer gerade in Deutschland regiert, obwohl ...das sollte Sie natürlich interessieren.

Ob Euro, Dollar, Franken oder gar Kryptogeld die bessere Währung ist, kann Ihnen egal sein. Was an der Börse passiert, welche Kurse gerade fallen oder steigen, wie hoch die Zinsen sind, wenn es überhaupt welche gibt, ist für Sie unwichtig. Sie haben sich durch, Geduld, Ausdauer und absolute Disziplin eine Geldanlage, eine Aktie zu eigen gemacht, die stetig Gewinne abwirft. Sie können sich vom fortschreitenden Digitalisierungswahnsinn genauso fernhalten, wie vom Informations- und Werbemüll, mit dem wir täglich überflutet werden, und der in kommenden Jahren möglicherweise Dimensionen annehmen wird, von denen wir jetzt noch keine Vorstellung haben.

Wie hat Rudolf Augstein so treffend gesagt: *„Die Zahl derer, die durch zu viele Informationen nicht mehr informiert sind, wächst."*

Sie brauchen Ihre Zeit nicht weiter mit Tausenden ungelöster Rätsel verbringen. Sie haben die Möglichkeit sich von dem entsetzlichen Verkehr und dem ewigen Chaos ringsum, dem hektischen Treiben zwischen Termindruck und Geldsorgen fernzuhalten. Das alles lassen Sie entspannt an sich vorüberziehen. Etwas überspitzt, ja überheblich ausgedrückt, würde ich sagen: Für Sie ist nur noch wichtig, in welches Nummernfach eine kleine weiße Kugel fällt...und das jeden Tag nur eine halbe Stunde lang.

Sie sitzen sozusagen auf einer „einsamen Insel"- die braucht in diesem Falle nicht einmal meerumspült zu sein - sondern kann genauso gut auf einem Bauernhof im Schwarzwald oder in den bayerischen Bergen liegen. Selbstverständlich kann Ihr Ruhepunkt auch eine Wohnung im dreißigsten Stock in Hamburg, Berlin, Frankfurt, München oder sonst wo sein und Sie können diese Insel natürlich jederzeit verlassen. Alles was Sie brauchen, ist ein zuverlässiger, möglichst leistungsfähiger Internetanschluss, sozusagen als Basis.

Ihre Arbeitsbedingungen sind immer gleich, egal ob nachmittags um sechzehn oder morgens um drei Uhr, denn Sie haben einen Heimarbeitsplatz, den Sie sich nach Ihren Bedürfnissen gestalten und an dem Sie völlig frei schalten und walten können.

Gespielt wird übrigens immer. Der Roulettekessel dreht sich, unabhängig von jeder konjunkturellen Entwicklung, auch in Krisenzeiten, das hat die Vergangenheit gezeigt.

Sie brauchen sich nie mehr darüber zu ärgern, dass Ihre Steuern aufgeblähte Verwaltungsapparate stützen, in sinnlose Flughafen- und Bahnhofsprojekte gesteckt werden, die kein Mensch braucht, in Milliardengräbern einer maroden Armee versickern oder als Entwicklungshilfe in totalitäre Staaten fließen, um nur einige Beispiele zu nennen.

Sie brauchen nie wieder die leidige Steuererklärung abzugeben - für mich seinerzeit einer der wichtigsten Gründe meinen Lebensunterhalt durch Glücksspiel zu bestreiten - und können sich damit aus dem kompliziertesten Steuersystem der Welt verabschieden.

Aber ich möchte Sie keinesfalls zur „Steuerhinterziehung" ermuntern und wenn Sie gewinnen, dann geben Sie, denn nur wer gibt, bekommt auch etwas, in welcher Form auch immer, zurück. Geben macht reicher.

Es gibt so viele Einrichtungen, die sich über Ihre Spenden freuen und diese sinnvoll nutzen. Das können ein Kindergarten oder die Grundschule in Ihrem Wohnbereich sein, natürlich auch eine überregionale Jugendhilfeorganisation oder ein Wohlfahrtsverband, eine Katastrophenhilfe, ein vernachlässigtes Bildungs- oder Kulturprojekt, ein Umwelt- und Naturschutzverband und, und, und.... Hunderte gemeinnütziger Institutionen, die Ihr Geld dort einsetzen wo es dringend gebraucht wird.

So können Sie sich auch noch - sozusagen als Nebeneffekt - aktiv gegen die Verschwendung von Steuergeldern engagieren, gegen ständiges Konsumwachstum und Ressourcenplünderung...

Also...machen Sie Ihr Ding!

Ich habe dieses Buch mit einem Zitat von A. Frank Glahn begonnen und möchte es damit auch wieder schließen:

„Ich kann mir gar keinen ehrlicheren Beruf vorstellen, bei dem die Arbeit und die Ziele so einfach und so vorhersehbar sind."

Wenn Sie mich fragen...der Mann hatte recht und deshalb ist jetzt auch endgültig Schluss.

Literatur und Bildverzeichnis:

Henri Chateau, Standardwerk der Roulettewissenschaft, Faksimileausgabe ohne Verlagsangaben

Billedivoire, Spielen & Gewinnen, Insider-Press, Bad Homburg

A.Frank Glahn, Das systematische Roulette Spiel in Theorie und Praxis, Virgo-Verlag, 1926

Klaus Werle, Jäger des Zufalls, Manager Magazin vom 22.03.2006

Umschlagfoto: Marion Koell

Weitere Fotos: Hans-Wilhelm Ermen und Pixabay (freie kommerzielle Nutzung ohne Bildnachweis)